W0064280

ars vivendi
Krimi

Tatort Unterfranken

Neun Kurzkrimis

ars vivendi

Originalausgabe

Zweite Auflage August 2020
Erste Auflage Juni 2020
© 2020 by ars vivendi verlag
GmbH & Co. KG, Bauhof 1,
90556 Cadolzburg
Alle Rechte vorbehalten
www.arsvivendi.com

Umschlaggestaltung: FYFF, Nürnberg
Motivauswahl: ars vivendi
Coverfoto: © markusspiske / Photocase
Druck: CPI books GmbH, Leck
Gedruckt auf holzfreiem Werkdruckpapier
der Papierfabrik Arctic Paper

Printed in Germany

ISBN 978-3-7472-0110-7

Tatort Unterfranken

Inhalt

Elmar Tannert

Besuch von Elias

Aschaffenburg

Es klingelte.

»Erwarten wir jemanden?«, fragte ich, während ich den Türöffner drückte.

Klara lag auf dem Sofa und las.

»Nicht, dass ich wüsste.«

Es war Sonntag. Der Sonntag vor Heilig Drei Könige. Eine Insel im Kalender, nur für uns beide reserviert. Ich trat vor die Wohnungstür, spähte ins Treppenhaus und erhaschte den Blick auf einen vollbärtigen Mann mit Wollmütze, in der Hand eine Reisetasche, auf dem Rücken einen Rucksack, der mit jedem Schritt zwei Treppenstufen nahm. Als er mir auf der letzten Treppe entgegenkam und mein ratloses Gesicht sah, sagte er: »Kennst du mich nicht mehr? Ich bin's, Elias.«

Da erst fielen Bart und Mütze von ihm ab, und ich sah den Fünfzehnjährigen von damals vor mir: grüner Iro, Lederjacke, zerfetzte Jeans, reichlich Metall an Leib und Kleidung und unter den Klassenkameraden meiner beiden Söhne der einzige Punk weit und breit. Erst Jahre später war klar: Seine Punkverkleidung war keine pittoreske Jugendeskapade gewesen, sondern einer seiner Schritte auf dem Weg in den Abgrund, eines der vielen Steinchen im Mosaik aus Rebellion und Nichts-wie-raus, jedem inneren Impuls folgen und sich aus jeder Verankerung reißen. Er war spätestens von Jugend an mit schlichtweg nichts und niemandem kompatibel gewesen, weder mit Freunden noch Familie und womöglich am allerwenigsten mit sich selbst.

8

Klara war in den Flur gekommen und musterte Elias. Der starrte zurück. »Diese toten schwarzen Augen«, würde sie später sagen. »Man hat keine Ahnung, was hinter ihnen vorgeht. Und man möchte es auch lieber nicht wissen.«

»Das ist Elias. Ein alter Schulfreund von Jakob und Felix.« Dass es die Freundschaft zu meinen Söhnen seit Jahren nicht mehr gab, behielt ich vorläufig lieber für mich.

Vor vier oder fünf Jahren war er schon einmal hier aufgeschlagen. Auf jeden Fall in meiner Singlezeit. Frisch aus dem Knast entlassen, war er weder zu seiner Familie noch zu Freunden gegangen, sondern zu mir gekommen. Hatte nach einer Nacht seine Sachen wieder gepackt und war verschwunden. Bis heute.

»Neue Freundin? Oder bist du verheiratet?« Elias legte sein Gepäck ab und klopfte mir mit Überschwang auf die Schulter. »Freut mich!« So hatte er mir schon mal auf die Schulter geklopft, in seiner Punkzeit, als er meine damalige Freundin kennenlernte und mir »Super Alte!« ins Ohr brüllte. Das war auf Jakobs Geburtstagsfete gewesen, die wir bei mir zu Hause veranstaltet hatten. Damals war eigentlich nichts Schlimmes passiert – außer, dass Elias vom Balkon in den Hinterhof gekotzt hatte. Seinen drohenden Absturz über die Balkonbrüstung hatten wir gerade noch verhindert.

»Können wir dir etwas anbieten, Elias?«, fragte Klara.

»Habt ihr Bier da?«

Ich ging auf den Balkon, holte eine Flasche und schenkte ihm ein. Elias trank, als wäre er drei Tage durch die Wüste gekrochen.

»Habt ihr vielleicht noch eins?«

Es ist nicht so, dass wir kein Bier trinken würden. Der Vorrat auf dem Balkon ist nicht nur für Gäste da. Aber wir kippen uns nicht unbedingt eins nach dem anderen hinein. Andererseits – verglichen mit dem, was Elias in seinem Leben mutmaßlich schon probiert hat, war Bier wahrscheinlich harmlos wie Limo. Ich gab ihm noch eins. Klara wollte ebenfalls.

»Was führt dich denn zu uns?«, fragte sie und blickte abermals auf die Uhr. Wir hatten noch eine halbe Stunde bis zum Aufbruch.

Als wir die Konzertkarten besorgt hatten, war der 5. Januar in weiter Ferne gelegen und hatte wie eine verheißungsvolle Sonntagsinsel gewirkt, der gleich darauf ein Feiertag folgte. Nichts und niemand würde uns stören. Alle Hauptfiguren unseres gemeinsamen Lebens hätten wir besucht, hätten mit ihnen Weihnachten und Silvester gefeiert, und danach kämen ein paar Tage nur für uns, bevor die Welt wieder ihren Normalbetrieb aufnähme. Aber man vergisst allzu leicht die Nebenfiguren, die Randfiguren des eigenen Lebens, die einem nur zwei oder drei Mal über den Weg gelaufen sind. Plötzlich sind sie mit erschreckender Selbstverständlichkeit da. In genau dem Moment, in dem man sie weder erwartet noch brauchen kann.

»Ich komm grad aus dem Knast.«

»Aha. Und warum warst du im Knast?«

Elias drehte sich eine Zigarette.

»Bei euch darf man doch rauchen, oder?«

Ich schob ihm einen Aschenbecher hin. Klara wiederholte ihre Frage.

»Sachbeschädigung und Körperverletzung.«

»Was war da?«

Elias erzählte etwas von einer Gastwirtschaft in Würzburg. »Da hab ich die Leute nicht mehr gepackt und bin aufs Klo, weil ich meine Ruhe haben wollte, und hab geraucht.«

Seine Worte schleppten sich schwer dahin. »Und dann ist irgendwann der Wirt an der Klotür gestanden und hat gesagt, ich soll rauskommen. Hab ich aber nicht eingesehen. Deshalb hab ich unter der Klotür ein Feuer gemacht. Dann hat der Wirt die Tür eingetreten, und wir haben angefangen zu raufen. Na ja, und dann hab ich halt wegen Sachbeschädigung und Körperverletzung zwölf Monate gekriegt.«

Klara suchte Blickkontakt mit mir, während Elias sprach. *Wen, zum Teufel, hast du denn da bloß in unsere Wohnung reingelassen?*, stand in ihr Gesicht geschrieben. *Mach dir keine Sorgen,* funkte ich zurück, *er ist harmlos.* Aber ich *machte* mir Sorgen.

»Also bei mir«, resümierte Elias, »ist das halt so: Wenn mir einer aggressiv kommt, dann kommt mir auch die Aggression hoch. Und dann weiß ich nicht mehr genau, was ich mach. – Prost!« Elias hob sein Glas. »Hast noch eins?«

Ein anderer Mensch hätte ihn an diesem Punkt wahrscheinlich hinausgeworfen. Sofern er ihn überhaupt in die Wohnung gelassen hätte. Aber ich bin kein Rausschmeißer. Vielleicht, weil ich selber schon Tausende Male im Leben Angst hatte, die Miete nicht mehr zahlen zu können und nächsten Monat unter einer Brücke schlafen zu müssen.

Klara sah wieder auf die Uhr, dann zu mir, und ihr Blick sagte: *Den lassen wir hier nicht allein.*

»Pass auf, Elias. Klara und ich gehen jetzt dann. Heute spielt ne Band im *Colos-Saal.* Ich verlass mich auf dich, okay?«

»Na klar verlass ich mich auf dich! Wie du auf mich! Haha!«

Ein Grinsen flackerte über sein Gesicht, aber seine Augen blieben tot.

»Du könntest doch mitkommen«, warf Klara ein.

»Ich mach's mir lieber hier gemütlich.«

Auf dem Weg zum *Colos-Saal* fiel nicht nur sie über mich her. Kaum hatten wir den Irish Pub am Bahnhof passiert, verschluckte sich mein Mobiltelefon fast an den hereinprasselnden Nachrichten.

Elias hat gerade von deinem Festnetz bei mir angerufen. Ihr habt ihn doch wohl nicht allein in der Wohnung gelassen?

Elias hat mich angerufen und gesagt, dass er gerade bei euch zu Hause ist. Lasst ihn bloß nicht allein! Schmeißt ihn so schnell wie möglich wieder raus!

Man darf Elias auf keinen Fall unbeaufsichtigt lassen! Bei Lisa hat er schon mal ein Feuer gelegt und alle Polster aufgeschlitzt!

Der dreht durch, wenn er allein ist. Du hast ja keine Ahnung, was der schon alles eingeworfen hat. Vor ein paar Jahren haben sie eine schizophrene Psychose bei ihm diagnostiziert.

Elias kann sich bei keinem von den alten Freunden mehr blicken lassen. Deshalb kommt er zu euch. Aber er ist nicht auf euch angewiesen! Er weiß gut genug, wo Notschlafplätze sind!

»Wir haben einen Zündler zu Hause? In einer Wohnung voller Bücher?«

»Klara, diese Sachen sind schon eine Weile her. Und ich selber hab noch keine schlechten Erfahrungen mit Elias gemacht.«

»Hattest ja auch wenig Gelegenheit.«

Das konnte ich nicht abstreiten.

»Elias ist keine Klette. Morgen früh ist er wieder weg, und wir werden ihn nie mehr sehen.«

»Und was ist bis dahin?«

»Es wird nichts passieren. Komm, trinken wir ein Bier im Irish Pub, dann gehen wir zurück.«

»Nein. Wir gehen sofort zurück. Und dann schmeißen wir ihn raus.«

»Diese eine Nacht kann er bleiben.«

»Falls wir noch eine Wohnung haben. Wieso willst du ihn unbedingt dabehalten?«

»Ich will ihn nicht unbedingt dabehalten. Aber erstens ist es saukalt, und zweitens ist er ein alter Freund meiner Söhne.«

»Und wenn die Mutter deiner Söhne vorbeikommt und bei uns mitwohnen will? Deine Exfrau? Die nehmen wir dann wohl auch auf?«

Unsere Beziehung war lange Zeit ein geruhsamer Fluss gewesen, auf dem wir uns gemeinsam treiben ließen, zwischendurch an Inseln anlegten, ein Wochenende in Prag oder zwei Wochen Bretagne, mit unseren beiden freiberuflichen Einkommen kamen wir gut durchs Leben. Und jetzt schien sich der Fluss zu gabeln, geteilt durch eine Insel, die nicht zum Anlegen verlockte, auf der wir einander nie begegnen würden, denn sie hatte einen Bewohner, und der hieß Elias.

»Also gut. Von mir aus diese Nacht«, sagte Klara. »Aber wenn er danach noch mal auftaucht, hat er Pech gehabt. Es gibt hier genug Wohnheime und Notschlafstellen für Obdachlose. Und jetzt will ich wieder nach Hause, bevor er uns die Wohnung abfackelt. Scheiß auf das Konzert.«

Wir sahen keine Flammen aus den Fenstern schlagen, als wir um die Ecke bogen.

»Das muss nichts heißen.«

Es lag auch kein Brandgeruch im Treppenhaus, als wir nach oben stiegen. Die Musik aber dröhnte eindeutig aus unserer Wohnung. Ich sperrte auf. Elias tänzelte zu *Enter Sandman* von Metallica grölend durch den Flur und schwenkte ein Whiskyglas in seiner Hand. Eigentlich vermisste man nur, dass er sich in seinem Freiheitsrausch die Kleidung vom Leib gerissen hätte.

»Mein Talisker!« Klaras Lieblingswhisky. Ihre noch unangebrochene Weihnachtsflasche. Dass die Küche deutliche Spuren von Spaghetti mit Tomatensauce aufwies und das Badezimmer knapp an einem Wasserschaden vorbeigeschrammt war, konnte man demgegenüber als Nebensache betrachten.

Ich richtete ein Nachtlager auf dem Wohnzimmersofa, und als würde dies einen Reflex in Elias auslösen, sank er darauf nieder, kippte den restlichen Whisky in sich hinein, rollte sich zusammen und fiel in den Schlaf wie ein kleines Kind. Klara hatte unterdessen in der Küche eine Flasche Rotwein geöffnet und zwei Gläser eingeschenkt; ich setzte mich zu ihr an den Küchentisch, und zum ersten Mal, seit wir uns kannten, hatten wir kein eigenes Thema, sondern eines, das uns aufgedrängt worden war. Elias.

Die Anekdoten von damals, die ich aus meinem Gedächtnis hervorkramte, schienen erst jetzt ihre volle Tragweite zu entfalten und seinen Charakter im wahren Licht zu zeigen. Wenn Elias sich in ein Mädchen verknallte, das zufällig die hübsche Hazel aus der Schüleraustauschgruppe der schottischen Partnerstadt Perth war, dann musste er ihr nach ihrer Abreise natürlich hinterhertrampen, nur um schließlich damit konfrontiert zu werden, dass sie aus einem genauso spießigen Elternhaus stammte wie er selbst, aber keineswegs gewillt war, es ihm zuliebe zu verlassen und an seiner Seite durch eine permanent nach allen Richtungen offene Gegenwart zu ziehen. Und natürlich gehörte Elias auch nicht zu den geordneten Absteigern, die vor dem bayerischen Abitur auf ein hessisches Gymnasium wechselten, nach Rodgau oder Seligenstadt, weil sie ihrer Familie das Abitur schuldig waren; er war nicht abgestiegen, er war abgestürzt.

Ich verfluchte den Augenblick, in dem ich auf die Türklingel reagiert hatte, und ich verfluchte ihn am nächsten Morgen um sieben, als Elias an die Schlafzimmertür hämmerte und »Kaffee!!« rief. »Der ist wohl für dich«, kommentierte Klara und drehte sich auf die andere Seite. »Mir kannst du in drei Stunden einen bringen.«

Wir hätten diesen Heiligdreikönigemontag ganz anders verbracht, dachte ich, als ich mit Elias in der Küche saß und seinen großen Monolog über das Leben, Gott und die Welt hörte. Wir wären am Vorabend im Konzert gewesen und danach vielleicht noch auf ein Bier im Irish Pub. Wir hätten uns geliebt – vor dem Einschlafen oder traumverloren mitten in der Nacht, nach dem Erwachen oder nach dem Frühstück im Bett –, hätten den Feiertag verfaulenzt, ehe anderntags der Normalbetrieb wieder losginge, dachte ich, während Elias mir schwerfällig erzählte, er werde sich zunächst eingehend damit beschäftigen, was das Leben eigentlich von ihm wolle, dass er sich auf dem Jesusweg befände und dass die Welt sich – »findest du nicht auch?« – immer mehr in ein Paradies verwandle. Die Einsicht, dass er gerade im Begriff war, meines zu zerstören, wäre wohl zu viel von ihm verlangt gewesen. Einmal falsch reagiert, dachte ich, einmal die falsche Abzweigung genommen, und seither spielt sich das Leben, wie es sein soll, nur noch im Kopf ab, und das wirkliche Leben kratzt wie ein Wollpullover auf nackter Haut.

Elias sprach von seinem Betreuer, den er morgen aufsuchen werde, der ihm zu einem Job und einer Unterkunft verhelfen werde, und ich fragte mich, wie es einem Betreuer gelingen sollte, einen Menschen wie Elias zu vermitteln.

Schließlich ging er. Zur *Brücke,* wie er sagte, ein Quartier für Obdachlose ein paar Straßen weiter. Ich drückte ihm noch einen Zwanziger in die Hand. Für Tabak oder irgendwo ein Bier trinken.

Elias ging und hinterließ einen Spaltpilz. Klara konnte die Sache nicht auf sich beruhen lassen. Zu wem ich denn stehe – zu ihr? Oder doch eher zu irgendwelchen dahergelaufenen Gestalten aus meiner Vergangenheit, mit denen mich eigentlich nichts verbindet?

»Es ist kalt. Da schickt man niemanden wieder raus.«

Da könne ja dann in Zukunft jeder bei uns klingeln, dem es draußen zu kalt sei, und ich würde ihn bereitwillig aufnehmen – oder?

»Herrgott, es gibt eben auch eine persönliche Verbindung! Felix ist einmal mit Elias' Familie in Urlaub gefahren, als sie noch Klassenkameraden waren.«

»Gutes Stichwort: Familie«, gab Klara zurück. »Was ist denn mit seiner Familie? Wieso kümmert die sich nicht um ihn?«

»Was weiß denn ich! Und außerdem können wir das Thema jetzt beenden – Elias hat seine Unterkunft in der *Brücke,* und gut ist!«

»Gut ist nur, wenn er nicht wiederkommt.«

Nach einem eisigen Nachmittag feierten wir Versöhnung, legten Tangos von Raúl Berón auf und tanzten durch das kerzenerleuchtete Wohnzimmer. Bis es klingelte. Und ich die Tür öffnete. Elias konnte es schließlich nicht sein. Aber es war Elias. Nur noch für eine Nacht brauche er Quartier, sagte er. Die *Brücke* habe heute keinen Platz mehr für ihn gehabt. Doch er habe sich angemeldet, und morgen würden sie ihn aufnehmen, ganz sicher. Und morgen hätte er auch den Termin mit seinem Betreuer, wegen Job und Unterkunft und so, gleich um acht Uhr morgens, also seien wir ihn bald wieder los.

»Hast du vielleicht noch ein Bier da?«

Bier war da. Aber kein Kitt mehr, um den neuen Riss zwischen Klara und mir zu füllen.

»Kann ich duschen?«

»Bitte.«

Das Wasser rauschte eine halbe Stunde lang.

»Können wir nicht ein bisschen Karten spielen?«

»Wir haben keine Karten da. Und außerdem können wir keine Kartenspiele«, blaffte Klara.

Seine Antwort »Ich auch nicht« wäre bei einem anderen Menschen fast schon rührend gewesen. Nicht bei Elias. In Elias schienen sich mindestens ein Dutzend Kobolde fortwährend darum zu streiten, wer von ihnen an die Oberfläche ausbrechen darf. Wenn mehrere auf einmal siegten, führte er Selbstgespräche, aus denen ab und zu ein irres Kichern hervorbrach. Manchmal siegte auch keiner – dann war Elias eine erloschene Sonne, von der seine gesamte Umgebung aufgesaugt zu werden drohte, und seine stumme, lastende Anwesenheit fühlte sich an, als sänke man mit ihm zum Mittelpunkt der Erde hinab.

»Wenn du es nicht fertigbringst, ihn rauszuschmeißen, gibt es nur eine Lösung«, sagte Klara in der Nacht. »Der muss wieder dahin zurück, wo er am besten aufgehoben ist – in den Knast.«

Wie wir ihn dorthin kriegen sollten, blieb allerdings vorerst offen. Bei einem wie Elias brauchte es zwar mutmaßlich nicht viel, aber dennoch liefen wir mit jeder Idee Gefahr, selbst kriminell zu werden. Ihm Kokain unterschieben und die Polizei auf ihn ansetzen? Dazu hätten wir den Stoff erst einmal selber besorgen müssen. Einen Streit anzetteln, um ihn wegen eines neuen Körperverletzungsdelikts dranzukriegen? Da konnte Aussage gegen Aussage stehen. Vielleicht erledigte sich das Problem ja von selbst, wenn man ihn bei einem Delikt wie Schwarzfahren oder Ladendiebstahl erwischte.

Am nächsten Tag lag Elias um acht noch auf dem Wohnzimmersofa.

»Kein Bock zum Aufstehen.«

»Du versemmelst gerade deinen Termin, du Idiot!«

»Mir egal. Lass mich schlafen.«

Schließlich kriegte ich ihn doch noch aus dem Bett. Nicht mehr rechtzeitig für seinen Termin. Aber so rechtzeitig, dass ich in die Musikschule aufbrechen und Klara sich ihrem Übersetzungsauftrag widmen konnte, ohne mit Elias allein zu sein.

»Wäre ja auch noch schöner.«

Dann war Elias weg. Und war doch nicht weg. Allein der Klingelton rief ihn immer wieder wach. Jedes *düdelü-düdelü* konnte Elias sein.

»Wenn du ihn noch einmal reinlässt, geh ich«, hatte Klara verkündet.

Jedes *düdelü-düdelü* lud die Atmosphäre weiter auf, vergrößerte die Risse zwischen uns und trieb uns in einen Kreislauf von Entfremdungen und Versöhnungen. Seit Elias schien es ohnehin stets nur noch im falschen Augenblick zu klingeln.

»Können wir vielleicht mal ungestört ficken, verdammt noch mal?«, schrie ich einmal in die Sprechanlage. Kurze

Stille. Dann eine Stimme mit hartem Akzent. »Paket für Ihre Nachbar. Kann ich bei Ihnen abgeben?«

Ich verspürte in diesem Augenblick den Wunsch, Elias einfach umzubringen, wenn er je wieder bei uns auftauchte. Ihn einlassen und ihm sofort den nächstbesten Gegenstand auf dem Schädel zertrümmern.

Der Januar verging, ohne dass Elias sich blicken ließ. Das heißt – einmal sah ich ihn Gott sei Dank noch rechtzeitig durchs Fenster der Bankfiliale in der Weißenburger Straße, als ich sie eben verlassen wollte; er ging vorüber, in ein Selbstgespräch verstrickt. Gepäck trug er keines bei sich, was ich als Hinweis deutete, dass er eine dauerhafte Bleibe gefunden hatte. Der frisch angebrochene Februar schob den Jahresbeginn in eine tiefere Schicht der Vergangenheit und verhieß eine neue eliasfreie Epoche.

Sie dauerte bis zu jenem unseligen Freitagabend. Wir machten uns eben ausgehfertig. Freunde von Klara hatten angerufen, sie hätten zwei Karten fürs *Kabarett im Hofgarten* übrig. Ein willkommener kleiner Schicksalswink. Seit dem missglückten Konzertabend im Januar hatte keiner von uns beiden eine neue Initiative ergriffen.

Als es klingelte, stand ich zufällig schon an der Wohnungstür und drückte reflexartig den Türöffner. Eine halbe Minute später klopfte es.

Elias. Ohne Gepäck, aber mit dem Aroma einer Mülltonne, flackernden Augen und zitternd am ganzen Leib.

»Ich pack die Welt nicht mehr. Ich brauch unbedingt ein Beruhigungsmittel. Kannst du mir in der Apotheke schnell eins holen? Oder hast du eins da?«

Elias in dem Zustand wegschicken? Unmöglich. Klara zog ihre Jacke an.

»Ich wünsch dir einen schönen Abend mit deinem alten Kumpel!« Weg war sie.

Ein Beruhigungsmittel hätte auch ich jetzt nötig gehabt. Falls ein Beruhigungsmittel überhaupt was nützt, wenn das Leben in Trümmer geschlagen wird. Ich griff nach einer Flasche Bier.

»Das könnte mir auch helfen«, meinte Elias.

Nach den ersten Schlucken beruhigte er sich tatsächlich.

»Kann ich noch mal bei euch pennen?«

»Ich denke, du hast eine Unterkunft in einer Pension bekommen? Wo sind deine Sachen?«

»Hab ich unten abgestellt. Ich geh noch mal runter und hol sie.«

Klar hätte ich hinter ihm die Wohnungstür schließen können, um sie ihm nie wieder zu öffnen. Aber eine endgültige Lösung musste anders aussehen. Ich wusste nur noch nicht, wie.

Aus der Unterkunft sei er wieder rausgeflogen, erfuhr ich von Elias, nachdem er eine halbe Stunde unter der Dusche verbracht hatte. Der Geruch, den er mitgebracht hatte, hing immer noch in seinen Kleidern und verbreitete sich in der ganzen Wohnung. Ich musste an einen entfernten Großonkel von mir denken, den man in einem heißen Sommer tot in seinem Haus in Münster aufgefunden hatte, etwa einen Monat nach seinem Ableben. Noch im Winter, als ich das Haus erstmals mit Verwandten betrat, um den Haushalt endgültig aufzulösen, roch es dort nach Verwesung, dass es einem den Atem raubte, und man musste es als glückliche Fügung betrachten, dass die Stadtverwaltung ohnehin die gesamte Häuserzeile zwecks Quartiersanierung und Neubebauung aufkaufen wollte; niemals mehr hätte jemand dort einziehen können. Ebenso hing nun Elias' Geruch im

Raum, der Geruch einer toten Seele, der sich nicht abduschen ließ, der sich langsam in die Wände hineinfraß und niemals mehr aus ihnen weichen würde. Es sei denn ...

»Kann ich mir was zu essen machen?«

Ja, Elias. Tu, was du willst, solange du mich nicht in meinen Gedanken störst. Ich machte mir ein Bier auf – das wievielte eigentlich? – und sah Elias zu, wie er an den züngelnden Gasherdflämmchen hantierte. Feuer heilt. Feuer reinigt. Feuer reinigt, indem es vernichtet.

Elias saß mir gegenüber und aß seine Spaghetti.

»Danke, Elias, für mich nicht. Hab schon gegessen. Noch ein Bier vielleicht?«

Ich musste ihn ins Bett kriegen, ohne ihm zu viel Alkohol zu verabreichen. Elias durfte später, vor Gericht, keinesfalls für unzurechnungsfähig erklärt werden. Ich musste ihn ins Bett kriegen und dabei die Kontrolle behalten. Klara hatte völlig recht. Elias musste wieder dorthin kommen, wo er hingehört. Wo er keinen Schaden anrichtet.

»Ruh dich aus, Elias.«

Ich führte ihn zum Sofa.

Sobald ich seine Atemzüge tiefer werden hörte, machte ich mich ans Werk. Entweder du oder Klara! Ein Kichern drang mir unangenehm ins Ohr. Wer war das? Doch wohl nicht ich selbst? Derselbe, der wie Rumpelstilzchen durch die Wohnung hüpfte, herumliegende Zeitungen einsammelte und in den Papierkorb stopfte? Den Papierkorb beim Sofa abstellte und ein Feuer legte?

Jetzt schnell zur Nachbarin, ehe der Rauchmelder losgeht. Die Nachbarin fragen, ob sie mir mit irgendwas aushelfen kann. Mehl wäre eine gute Idee.

»Frau Grießbeck, wenn Sie mir vielleicht ein Pfund Mehl borgen könnten? Ich will einen Kuchen backen. Morgen bring ich's Ihnen wieder ... bitte? Es riecht brenzlig im Haus? Ja, ich glaube, Sie haben recht ... komisch, aber da müsste doch ein Rauchmelder ... nein, bei mir ist das nicht ... oder doch? Ich geh schnell nachsehen!«

Aus der Wohnung drang der Geruch von schmelzendem Plastik. Der Papierkorb, in dem ich das Feuer gelegt hatte. Eigentlich hätte schon längst der Rauchmelder losgehen müssen, hätte Elias aus dem Schlaf reißen sollen. Ich fingerte in der Hosentasche nach dem Wohnungsschlüssel. Ich stülpte alle Hosentaschen um. Nicht da. Ich hatte ihn vergessen.

»Elias!«, rief ich und schlug gegen die Wohnungstür. »Elias, mach auf!« Vergebens. Wer weiß, wie viel Elias schon von dem Plastikqualm eingeatmet hatte. Ich lief zur Nachbarin zurück und schrie: »Feuer! Sofort die Feuerwehr rufen!«

Als sie ankam, hatten die Flammen bereits auf das Dachgebälk übergegriffen. Von Elias kein Lebenszeichen. Falls er jetzt noch zu sich käme, wäre es ohnehin zu spät. Ich löste mich aus der Menschentraube, ging zur nächsten Straßenecke und suchte nach meinen Zigaretten. Da sah ich Klara näherkommen.

»Du hattest recht. Er hat's tatsächlich getan! Hast du Zigaretten einstecken? Ich muss meine in der Wohnung liegen lassen haben.«

Klara fingerte zwei Zigaretten aus der Packung und gab mir eine.

»Ich war nur kurz weg. Nebenan bei Frau Grießbeck. Und da ...«

»Hast du Feuer?«

Ich gab ihr Feuer. Mit dem Stabfeuerzeug aus der Küche. Klara betrachtete es interessiert.

»Merk dir deine Geschichte für die Polizei. Die wird hoffentlich nicht auf die Idee kommen, dass du lieber die Wohnung abfackelst, anstatt den Kerl einfach rauszuschmeißen.«

Killen McNeill

Kaiserkur

Bad Kissingen

Elise ist eine Maus und hat sich oben im Schlagwerk einer Standuhr versteckt. Sie schläft und träumt, und im Traum sieht sie sich selbst zu, wie sie schläft. Sie liegt, eingekringelt wie eine kleine graue Breze, direkt auf der Oberfläche der Glocke, unter dem mächtigen Hammer, der gleich zur vollen Stunde schlagen wird. Wird sie rechtzeitig aufwachen, bevor er auf sie niederrast? Der Minutenzeiger steht zitternd bei einer Minute vor zwölf. Dann löst er sich und rastet genau oben in der Mitte des Ziffernblatts ein. Der Hammer springt aus der Halterung und saust nach unten. Mit einem Satz springt Elise von der Glocke ...

Und wacht auf. Sie liegt auf dem Holzboden neben ihrem Bett. Schon wieder. Elise Sitzmann ist keine Maus, obwohl sie klein und unscheinbar ist; sie ist eine siebzehnjährige Dienstmagd im *Hotel Karl von Hess* in Kissingen. Den Traum hat sie jetzt zum dritten Mal gehabt, seitdem sie die echte Maus im Speisesaal gesehen hat. Dort steht auch die einzige Standuhr, die sie kennt.

Vor drei Tagen hatte Elise um sechs Uhr am Frühstücksbüfett im Speisesaal Dienst. Diese Zeit, bevor die Gäste nach der Morgenpromenade eintrafen, gefiel ihr am besten. Die paar Minuten Stille vor dem Sturm, in denen sie nach der Enge ihres Zimmers die Großzügigkeit des Raumes genießen konnte: die Kassettendecke und die vier funkelnden Kristallglasleuchten; die Wandtapisserien, Brokatvorhänge, Ölgemälde, Damasttischdecken; das Tafelsilber, den riesigen Spiegel und die gekreuzten Gewehre hinter dem Wildschweinkopf. Manchmal ließ sie sich sogar dazu verleiten, sich vorzustellen, wie es wäre, wenn sie hier im Hotel Gast wäre. Ihr Mann würde ihr die Tür aufhalten, und sie würde, nach links und rechts nickend, im weiten Rock in den Raum hineingleiten.

Am Morgen vor drei Tagen also schaute sie hinaus auf die Promenade, wo Paare, Gesellschaften und Flaneure im fahlen Morgenlicht auf und ab gingen. Und da war er, der Mann ihrer Träume, der groß gewachsene Herr im Ausseer Hut mit dem kinnfreien Zwirbelbart, der sich wie der Buchstabe W um sein Gesicht hangelte.

Elise musste über sich selbst lachen. Dann hörte sie ein hohes Quietschen, als ob jemand mitlachen würde. Sie drehte sich um und sah die Maus. Diese lief ganz frech mitten durch den Saal, um die Standuhr herum, und verschwand dahinter. Elise schaute gleich nach dem Versteck; da war ein kleines Loch in der Sockelleiste ausgeknabbert. Schon hörte sie, wie hinter ihr die Pendeltür aufging. Die ersten Gäste betraten den Raum. Hastig drehte sie sich um, rammte den Absatz ihres rechten Lederschuhs gegen das Loch, blieb stehen und knickste, als die Gäste hereintraten.

Es waren natürlich die schöne Gräfin von Hohenembs und ihre Damen. Die Gräfin war immer als Erste auf und unterwegs, aber dass sie so früh auftraten, war an diesem Tag ein Unglück. Noch größer wäre natürlich das Unglück gewesen, wenn die Maus aus ihrem Loch entwischt und schnurstracks unter den weiten Röcken der feinen Damen verschwunden wäre.

Zum Glück stand auf der Anrichte gleich neben Elise die große Schüssel. Sie konnte den Gästen die Bouillon herausschöpfen, ohne ihren rechten Fuß von dem Loch wegzubewegen. Bouillon war die begehrteste Speise beim Frühstück. Die meisten Gäste hatten schon auf der Promenade ihren Hunger mit Kissinger Gebäck gestillt. Das bisschen Fleisch, das vom Büfett wegkam, legte der rothaarige, sommersprossige Stationskellner Arthur immer wieder nach.

Seit drei Tagen geistert die Maus in Elises Unterbewusstsein herum, zusammen mit der Standuhr. Die beiden katapultieren sie fast täglich aus ihrem Bett. Es wäre eine Katastrophe, wenn Elise ihre Stelle als Zimmermädchen verlieren würde. Sie stammt aus Bischofsheim, aus einer siebenköpfigen Tuchmacherfamilie, und sie und ihre Eltern sind sehr froh, dass sie nun die Zweite aus der Familie ist, die als Zimmermädchen Arbeit gefunden hat.

Aber wo ist Sophie? Ihr Bett an der gegenüberliegenden Dachschräge ist noch gemacht vom Vortag, also hat sie nicht darin geschlafen. Normalerweise, wenn sie unterwegs ist, kommt sie spätestens irgendwann um Mitternacht ins Zimmer. Elise hat dann ihre liebe Not, sie in der Früh wach zu bekommen, damit sie um fünf ihre Arbeit in der Küche aufnehmen kann.

Sophie ist Elises älteste Schwester und beste Freundin. Sie war es, die ihr die Stellung im *Hotel Karl von Hess* verschafft hat. Sophie ist fünf Jahre älter, schon seit drei Jahren im Hotel angestellt und hat Elise geholfen, sich im Betrieb zurechtzufinden. Sie hat Elise vor dem Portier und der Hausdame in Schutz genommen; hat ihr gezeigt, wie man einen Tisch deckt, ein Bett macht oder sich mit gefalteten Händen und gesenktem Kopf mit dem Rücken gegen die Wand drückt, wenn adelige Gäste in den Korridoren vorbeigehen. Sie ist genauso auf ihre Stelle angewiesen wie

Elise. Sogar noch mehr, weil sie ein Geheimnis hat, in das Elise eingeweiht ist. Ein Geheimnis, von dem ihre Eltern auf keinen Fall erfahren dürfen. Sophie hat ein Kind, den zweijährigen Paul, den sie bei einer Familie in Kissingen untergebracht hat und nur an Sonntagen sehen kann. Für diese Unterbringung muss Sophie Unterhalt zahlen, eine 24-Kreuzer-Münze pro Woche, die sie beim Besuch abliefert. Deswegen geht sie ja fort nach der Arbeit, um zusätzlich zu verdienen, weil ihr Lohn von achtzig Gulden im Jahr nicht ausreicht.

Sophie schläft mit Männern, die sie dafür bezahlen. Jetzt muss Elise Sophie finden, bevor ihre Abwesenheit bemerkt wird. Das Haus unter ihr erwacht, aber leise. Sie weiß, wo Sophie sein könnte. Im dritten Stock gibt es ein kleines Zimmer, das nie mit Gästen belegt wird, weil es an den Wänden schimmelt. Da bringt Sophie ihre Kunden hin. Elise huscht barfuß die Treppe hinunter und geht den Korridor entlang, in dem sich links und rechts die Gästezimmer befinden. Die Nummer 316 ist es, das letzte Zimmer rechts.

Elise klopft leise. Keine Antwort. Sie klopft lauter, flüstert »Sophie«. Nichts. Der Raum ist nicht verschlossen, sie schlüpft hinein und macht die Tür hinter sich zu. Innen ist es fast dunkel; durch die dicken, zugezogenen Vorhänge dringt kaum Licht. »Sophie?«, flüstert Elise noch mal und setzt vorsichtig einen Fuß vor den anderen. Sie erreicht den Teppich, und ihr rechter großer Zeh tappt in etwas Nasses, Klebriges. Bevor sie innehalten kann, steht sie mit beiden nackten Sohlen mitten in einer schmierigen Masse, die den Teppich durchnässt hat. Elise tastet sich vorwärts in Richtung Fenster und hält ihre Hände ausgebreitet vor sich. Ihr linkes Knie stößt an die hölzerne Kante des Betts und dann auf etwas Weicheres, das sich zur Seite schieben lässt. Sie bückt sich – es ist ein kalter, nackter Arm, und daneben baumelt ein Kopf. Elises Hände kleben jetzt auch. Sie reißt den Vorhang auf. Licht fällt ins Zimmer und auf ihre Hände. Sie sind rot. *Du darfst nicht schreien, Elise*, sagt sie sich. Sie dreht sich um und schreit.

Sophie liegt mit ausgebreiteten Armen rücklings und nackt auf dem Bett. Ihr Kopf hängt in einem unmöglichen Winkel aus dem Bett. Der Hals knickt wegen eines klaffenden Schnittes, der den Kopf halb abgetrennt hat, nach hinten. Sophie ist tot.

Elise ist wie gelähmt. Von der Decke hängt die Kordel für die Bedienstetenglocke unten im Dienerzimmer. Die Glocke ist für die Hausgäste, nicht für die Angestellten. Aber es hilft nichts. Sie zieht daran, dann sinkt sie neben Sophie zu Boden.

Sie denkt daran, wie Sophie sie getröstet hat, als sie am Anfang nachts Heimweh hatte. Wie ihre Schwester zu ihr ins Bett geschlüpft ist und sie im Arm gehalten hat, bis sie einschlief.

Nun liegt Sophie da, das Gesicht verzerrt, die Augen weit aufgerissen. Dann sieht Elise den Hut hinter Sophies Kopf. Das ist doch der Ausseer Hut, den der groß gewachsene Mann mit dem Zwirbelbart getragen hat. In die Innenseite ist ein Etikett genäht. Elise kann lesen, aber nicht diese Schrift. Sie greift danach, das Etikett löst sich, und sie holt es heraus. Darauf steht: Демидов шля пник Санкт-Петербург.

Dann hört sie Schritte im Korridor. Entschlossene, schnelle. Als sie näher kommen, merkt sie, dass jeder zweite Schritt von einem Quietschen begleitet wird – einer der Schuhe wurde nicht gut genug gewachst. Es kann noch niemand von der Reception sein, der Weg von dort ist zu weit. Sie springt auf, zieht den Vorhang schnell zu, geht zum Schrank, steigt hinein und kauert sich hin. Gerade rechtzeitig, weil in diesem Moment die Tür aufgeht, jemand hereinkommt und die Tür hinter sich schließt. Die Person scheint sich im Zimmer auszukennen: Ihre Schritte knarzen auf den Holzdielen ganz vorsichtig um den Teppich herum und kommen auf den Schrank zu. Eine Hand hält sich am Griff fest.

Ich bin eine ganz kleine, schlafende Maus, die keiner sehen kann, denkt Elise.

Die Schranktür geht einen Spalt auf.

Elise sieht einen dunklen Schatten, der am Schrank in Richtung Bett vorbeigeht. Sie hört, wie der Schatten sich tief schnaufend beugt, sich leise ächzend wieder aufrichtet und auf dem gleichen Weg zurückkommt. Die Schranktür wackelt, geht noch weiter auf, wird zugemacht, irgendein Wollstoff reibt sich daran. Die Zimmertür öffnet sich und wird wieder geschlossen.

Elise merkt, dass sie die ganze Zeit die Luft angehalten hat, atmet aus und wieder ein. Dann macht sie die Schranktür vorsichtig auf. Sie geht zum Fenster und zieht den Vorhang zurück.

Der Hut ist weg. Das Etikett hält sie noch in der Hand.

Jetzt sind erneut Schritte im Korridor zu hören, schleppende und von einem immer lauter werdenden Schnaufen begleitet. Es klopft an der Tür. Elise macht auf. Herr Karl, der Portier, mit Zylinder und Frack. Er geht sehr in die Breite, und seine kleine Statur versucht er durch einen mächtigen Bart aufzuwiegen, der wie ein schwarzes Hemdbetrügerle auf seiner Brust liegt. »Was soll die Unverschämtheit!«, zischt er außer Atem, als er Elise sieht. Er, der Hausportier, von einer Bediensteten geholt!

Elise tritt einen Schritt zurück und gibt den Blick auf Sophie frei. »Um Himmelsgotteswillen«, sagt Herr Karl, stürmt ins Zimmer, bleibt aber kurz vor der Leiche abrupt stehen. »Na ja«, sagt er und räuspert sich. »Sie ist wohl tot, deine Schwester.«

»Umgebracht wurde sie!«, ruft Elise. »Das sieht man doch! Wir müssen einen Gendarmen holen! Und der Mörder ist wiedergekommen, als ich im Zimmer war. Ich habe mich im Schrank versteckt, und er hat seinen Hut geholt. Das war gerade vor fünf Minuten. Ich hatte fürchterliche Angst. Sie müssen ihm begegnet sein. Sie müssen dem Mörder im Treppenhaus begegnet sein!«

Der Portier mustert sie. »Ich bin niemandem begegnet. Und du hältst dich mit deinen Mutmaßungen zurück. Das ist Sache der Gendarmerie.«

»Aber das ist doch unmöglich! Sie müssen ihm begegnet sein. Es muss jemand Besseres gewesen sein, dem Hut nach zu urteilen.«

Herr Karl wippt auf seinen Fußballen hoch, um Höhe zu gewinnen. »Was erlaubst du dir! Soll das heißen, dass ich lüge? Du unverschämtes Ding!« Er reibt sich die Nase, Elise schweigt. »Geh auf dein Zimmer und wasch dich«, sagt er. »Ich hole einen Gendarm. Warte dort, bis ich wiederkomme.«

In ihrem Zimmer wäscht sich Elise mit Wasser aus der Schüssel. Dann geht sie auf und ab. Sie setzt sich auf ihr Bett und steht wieder auf. Sie öffnet das kleine Fenster und schaut hinaus. Da kommt Herr Karl die Promenade entlang, von rechts. Die Gendarmerie ist aber auf der linken Seite. Elise zieht ihren Kopf zurück. Bedienstete können ihre Fenster öffnen und hinausschauen, dürfen dabei aber nicht gesehen werden. Sie geht wieder auf und ab. Wie soll sie es ihren Eltern sagen? Was wird aus dem Kind? Endlich hört sie Schritte auf der Treppe, und es klopft an ihrer Tür. Draußen steht ein riesiger Gendarm in grüner Uniform und Pickelhaube, hinter ihm der Portier. Der Gendarm muss sich bücken, um ins Zimmer zu kommen, und der Portier macht es ihm unnötigerweise nach.

»Fräulein Sitzmann?«, sagt der Gendarm.

Elise nickt.

»Es ist für die Aufklärung des Falles von höchster Bedeutung, dass niemand erfährt, was passiert ist.«

»Unterschreibe das«, sagt der Portier und gibt ihr ein handgeschriebenes Blatt und eine Feder. Darauf steht: *Ich, Fräulein Elise Sitzmann, gelobe feierlich, daß ich niemandem erzählen werde, was ich im Zimmer 316 am 13. Juno 1864 gesehen habe.*

Sie unterschreibt. Der Portier nimmt das Papier an sich, faltet es und legt es in seine Brieftasche. Dann nickt er dem Gendarmen zu.

Dieser räuspert sich. »Der Mörder war höchstwahrscheinlich ein Durchreisender.«

»Ganz bestimmt«, sagt der Portier.

»Gestern ist ein Telegramm aus Würzburg gekommen«, erzählt der Gendarm. Er holt ein Notizbuch aus seiner Tasche und verfolgt das Geschriebene mit seinem dicken Finger. »Hierin wurde von einem ähnlichen Mord berichtet. Dort hat ein Scherer..., Scheren...«

»Scherenschleifer«, sagt der Portier.

»– ein Scherenschleifer ein Mädchen besti..., bestia...«

»Bestialisch.«

»– bestialisch hingerichtet und ist weitergezogen.«

»Einer vom Zigeunervolk«, fügt der Portier hinzu.

Der Gendarm klappt das Notizbuch zu. »Wie man jetzt sieht, ist er offenbar nach Kissingen weitergereist, und das Mädchen ist an ihn geraten.«

»Der Hut gehörte keinem Durchreisenden. Einem Zigeuner schon gleich gar nicht«, sagt Elise.

»Was für ein Hut?«, fragt der Gendarm.

»Er lag neben dem Bett«, antwortet sie. »Es war der Hut eines besseren Herrn. Jemand ist ins Zimmer zurückgekommen und hat ihn geholt. Ich habe mich derweil im Schrank versteckt.«

»Davon weiß ich nichts«, sagt der Gendarm.

»Der Hut tut nichts zur Sache«, meint der Portier. »Es ist wohlbekannt, dass das Fräulein Sophie einen großen Kundenkreis hatte, und der Hut kann wer weiß wie lange da gelegen haben. Nein, der Täter ist eindeutig der Scherenschleifer. Das ist ganz deutlich an den Wunden zu sehen.«

»Jawohl«, sagt der Gendarm. »So ist es. Nur Scherenschleifer haben Messer, die solche Wunden hinterlassen.«

»Er ist wohl auf dem Weg nach Schweinfurt«, sagt der Portier. »Sie haben doch ein Telegramm dorthin geschickt, Herr Wachtmeister? An die Kaserne.«

»Jawohl«, sagt der Gendarm. »Das Telegramm. Sie sollen mit einer Truppe berittener Soldaten ausrücken und den Mörder arret..., arret...«

»Verhaften«, sagt der Portier.

»Wo ist Sophie jetzt?«, fragt Elise.

»Im Hospital«, sagt der Portier. »Arthur und der Herr Wachtmeister haben sie dorthin gebracht. Über die Hintertreppe und unter einem Tuch natürlich. So, und jetzt an die Arbeit. Und denke daran: Kein Wort zu niemandem.«

»Etwas Kaffee, wenn ich bitten darf. Ich sage es nun schon zum zweiten Male.«

Elise erschrickt. Es ist eine Stunde später, und sie steht wieder am Frühstücksbüfett. Sie schaut vom Fußboden hoch und sieht eine ausgestreckte, leere Kaffeetasse vor ihrer Nase. Etwas höher begegnet ihr der bohrende, melancholische Blick der Gräfin von Hohenembs. Die rechte Augenbraue erhebt sich dabei höher als die linke. »Erlauchte Gräfin, ich bitte um Verzeihung«, stammelt Elise und schenkt den Kaffee mit zitternder Hand ein.

Arthur kommt mit einem Teller kaltem Fleisch aus der Küche. Als er an Elise vorbeigeht, merkt sie, wie seine Hände ebenfalls zittern und wie blass und verweint er aussieht. »Ich muss dich sprechen«, flüstert er. Er stellt den Teller am Büfett ab. Als er wieder vorbeikommt, sagt er: »Komm in den Gemüsegarten, wenn du hier fertig bist.«

Der Himmel ist von zerbrechlicher Bläue. Dunkle, regengeschwängerte Wolken jagen einander, vom frischen Wind angetrieben. Arthur ist im Gemüsegarten über zwei Körbe gebückt und erntet Blumenkohl. Elise gesellt sich dazu.

»Es muss schnell gehen«, sagt sie.

Ohne sich anzuschauen, entblättern die beiden die Blumenkohlköpfe und unterhalten sich dabei. »Du hast sie gefunden«, sagt Arthur. »Weißt du, dass Sophie und ich zusammen waren?«

»Nein.«

»Wir wollten heiraten und ihr Kind zu uns holen. Ich bin nicht der Vater. Aber das war mir egal. Ich habe sie geliebt und sie mich. Glaubst du mir?«

Elise schaut zu ihm hoch, und er blickt zu ihr zurück. Verletzlichkeit sitzt in seinen blauen Augen – und dahinter

Entschlossenheit. Mit seiner weißen Haut und den roten Haaren sieht er aus wie etwas, das man hier in einem der Beete ernten könnte, aber das täuscht über die sehnige Kraft in seinen Armen hinweg. Er dürfte älter sein, als Elise bisher gedacht hat, ungefähr so alt wie Sophie.

»War sie vorgestern Nacht mit dir zusammen?«, fragt sie.

»Ja.«

»Dann glaube ich dir.«

»Warum?«

»Weil sie glücklich war, als sie zurückkam. Sie hat gesummt.«

Arthur legt sein Messer weg, bedeckt sein Gesicht mit den Händen und weint. Elise weint ebenfalls, zum ersten Mal seit Sophies Tod. Sie schluchzen und schniefen und schneiden weiter am Blumenkohl. Die Strünke sind weiß und schutzlos.

»Ihr Hals ...«, sagt er und kann nicht weitersprechen. Sein Gesicht ist mit Dreck beschmiert.

»Ich weiß«, sagt Elise.

Arthur holt tief Luft und lässt sie bebend wieder heraus. »Das, was der Portier und der Gendarm ausgeheckt haben, ist eine Riesenlüge.«

»Da war ein Männerhut im Zimmer. Hier ist das Etikett.« Sie holt es aus ihrer Manteltasche und zeigt es ihm.

»Ich kann nicht lesen.«

»Ich schon«, sagt sie. »Aber das ist kein Deutsch.«

»Elise!« Es ist die imposante Figur der Hausdame, Frau Kottas, die im schwarzen Anzug daherwatschelt. Ihre Haare trägt sie schneckenförmig aufgetürmt, und ihre Backen sind so breit, als ob sie auf zwei Kissingern gleichzeitig kauen würde. »Ich suche dich überall. Die Gräfin von Hohenembs ist bereit für ihren Spaziergang. Die Dame ist zu schnell für ihre sonstige Begleitung. Das hat deshalb immer die Sophie gemacht. Das musst du jetzt übernehmen.«

»Muss ich mit ihr sprechen?«

»Ganz im Gegenteil. Was bildest du dir ein? Du darfst mit ihr überhaupt nicht sprechen. Du bleibst immer fünf Schritte hinter ihr.«

Eine Stunde später folgt Elise, mit Krinoline, Korsett, schwarz-weiß gestreiftem Rock und halblangem Mantel aus der Hausgarderobe ausgestattet, in gebührlichem Abstand der Gräfin von Hohenems, die in hohem Tempo die Schlossstraße hinauf- und den Weg an den Weizenfeldern entlangsaust. Einen seltsamen Gang hat die Gräfin: Sie lehnt sich zurück, als ob ihr die Füße davonliefen, und sieht dabei aus wie eine langstielige Blume, die der Wind nach hinten biegt. Einen zusammengefalteten Regenschirm benutzt sie als Gehstock. Ihr purpurfarbener Rock ist viel enger und windschnittiger als Elises. Heute kommt der Wind von vorne und flacht Elises Rock seitlich aus, sodass sie sich vorkommt wie der Kapitän eines Segelschiffs, der gegen den Wind steuern muss. Sie kommt der Gräfin kaum hinterher. An der Mauer des Jüdischen Friedhofs bleibt die Gräfin stehen, lehnt sich an und wartet, bis Elise bei ihr ist. »Das ist doch die vom Frühstücksbüfett, die fast eingeschlafen ist«, sagt sie. »Ich möchte bloß wissen, warum sie mir die Allerlangsamste anhängen.«

»Erlauchte Gräfin, ich bitte um Verzeihung«, sagt Elise bereits zum zweiten Mal an diesem Tag.

Die Gräfin hebt die rechte Augenbraue und betrachtet sie mit misstrauischem Blick, als ob Elise nur eine von vielen Betrübnissen in ihrem Leben wäre.

»Wenn Erlauchte Gräfin erlaubt, hätte ich eine Frage.« Sie zeigt ihr das Etikett. »Können Erlauchte Gräfin das lesen?«

Nach einem kurzen Blick darauf macht die Gräfin ein zischendes Geräusch, schüttelt den Kopf, dreht sich wieder weg und läuft in Richtung Ruine Botenlauben davon. Elise kommt ihr mehr schlecht als recht hinterher.

Mitten in der Burganlage oben steht eine Gruppe Damen mit langen Ärmelschleppen, der sich die Gräfin von Hohenembs forschen Schrittes nähert. Elise bleibt stehen. Die Damen am äußeren Rand machen einen Knicks und öffnen den Weg in die Kreismitte, wo eine kleine Frau mit lebhaftem Gesichtsausdruck steht, die gerade mit ausholenden Gesten etwas erzählt, und eine größere, die mit verdrießlichem Gesichtsausdruck und schweren Augenlidern zuhört. Als die Gräfin sich zu ihnen gesellt, widmen sich ihr die beiden Damen. Auf einmal bricht die kleine Dame in schallendes Gelächter aus, führt schnell die Hand vor den Mund und würgt das Lachen ab. Damit hätte die Sache ein Ende, würde nicht die größere Dame nach einer kurzen Pause lauthals loslachen, woraufhin die ganze Gruppe zu lachen beginnt. Die Gräfin von Hohenembs macht abrupt kehrt und stürmt mit hochrotem Kopf an Elise vorbei.

»Diese Unverfrorenheit!«, zischt sie im Vorbeigehen zu sich selbst. »Sich über mein Französisch lustig zu machen. Chopeng oder Chopoh, Hauptsache, ich mag seine Musik!«

Die Gräfin läuft noch schneller als auf dem Hinweg, aber jetzt kann Elise mithalten, weil der Wind sie von hinten anweht. Als die beiden wieder am Jüdischen Friedhof sind, bleibt die Gräfin stehen und dreht sich zu Elise.

»Was war das vorhin, das du mir zeigen wolltest?«

»Ob Erlauchte Gräfin das lesen können.« Elise hält ihr das Etikett entgegen. »Das stammt von einem Hut.«

Diesmal nimmt die Gräfin es in die Hand. »Nein, kann ich nicht«, sagt sie und betrachtet das Etikett. »Aber es ist Russisch, so viel weiß ich, also kommt der Hut aus Russland, genauso wie die eingebildeten Schnepfen gerade, obwohl sie so tun, als wären sie Französinnen. Es gehört dem Mann von der blöden Kuh da oben. Das da hinten heißt ›Sankt Petersburg‹, ich habe ebenfalls einen Hut aus dieser Manufaktur. Er ist im Moment der einzige Mann in Kissingen, der aus Sankt Petersburg kommt. So.« Es beginnt zu tröpfeln, und die Gräfin schaut mit gerunzelter Stirn nach oben.

»Und wie heißt der Mann, wenn ich noch fragen darf, Erlauchte Gräfin?«

Die Gräfin schürzt die Lippen, scheint zu überlegen. »Graf Borodinsky nennt er sich, soweit ich weiß. Es ist wohlbekannt, dass er seinen Hosenstall nur schwer zukriegt. Und jetzt kein Wort mehr.«

»Kein Wunder, dass der Gendarm und der Portier davon ablenken wollten. Da trauen sie sich niemals ran«, sagt Arthur.

Elise hat ihm ihre neuen Erkenntnisse schnell zugeflüstert, als sie ihn kurz nach dem Spaziergang in der Küche traf. Inzwischen ist es Spätnachmittag geworden, und die beiden sind in der Waschküche, in der drei Bottiche stehen. Elise holt die Bettlaken aus dem kochenden Wasser im größten Bottich, schrubbt sie mit Seife auf einem Hobelbrett im zweiten, und Arthur bearbeitet sie danach mit einem Wäschestampfer im dritten. Im aufsteigenden Dampf können sie einander nur schemenhaft wahrnehmen.

»Ich habe schon einiges herausgefunden über diesen Graf Borodinsky«, sagt Arthur. »Er und seine Frau wohnen im Kurhaus. Und sie reisen morgen wieder ab.«

Elise bricht das Schrubben abrupt ab. »Da fällt mir was ein. Der Portier ist zuerst Richtung Kurhaus gegangen, also vom Hoteleingang aus nach rechts, und nicht nach links, wo die Gendarmerie ist.«

»Ja, und?«

»Vielleicht ist er ins Kurhaus gegangen, um herauszufinden, wie lange die Borodinskys noch bleiben. Und als er wusste, dass sie nur noch einen Tag hier sind, hat er sich gedacht: Lasst sie ziehen.«

Arthur setzt ebenfalls den Stampfer ab und schaut hoch. »Du meinst, er hat gleich gewusst, dass es der Borodinsky war.«

»Er muss ihn mit dem Hut auf der Treppe gesehen haben, als er nach oben gekommen ist. Er hat sich das mit dem Scherenschleifer ausgedacht und dem Gendarmen dann alles vorgesetzt, was er sagen sollte. Und der konnte es nicht mal richtig lesen.«

»Vom Gendarmen ist also nichts zu erwarten«, sagt Arthur.

»Von niemandem ist etwas zu erwarten. Außer von uns selbst. Wir müssen an Borodinsky ran. Die Gräfin von Hohenembs hat gesagt, er kriegt seinen Hosenstall nicht zu. Also sucht er dauernd Frauen wie die Sophie. Was, wenn wir ihm eine Falle stellen?«

»Was für eine Falle?«

»Mit einer Frau, die ihn anlockt und ins Hotel bringt. Kennst du noch mehr solcher Frauen?«

»Nein, natürlich nicht. Außerdem müssten wir so eine bezahlen«, sagt Arthur verächtlich.

»Sophie war auch *so eine*.«

»Das war anders. Sophie konnte nichts dafür.«

»Vielleicht können die anderen auch nichts dafür.«

»Mag sein. Auf jeden Fall kenne ich keine.«

»Dann mach ich das«, sagt Elise. »Natürlich nicht ... Aber ich locke ihn ins Hotel. Ich lege Sophies Rouge auf und locke ihn hierher.«

»Gut. Wir brauchen aber ein anderes Zimmer als die 316. Ich kann schauen, welches gerade frei ist, und den Schlüssel nehmen. Das machen wir, bevor du ihn anlockst.«

»Und wenn er dann im Zimmer ist?«, fragt Elise.

»Dann bin ich auch da. Mit einem Gewehr.«

»Wo kriegst du das her?«

»Ich nehme eins von denen, die hinter dem Wildschweinkopf im Speisesaal hängen. Das sind echte Jägergewehre. Der Herr von Hess holt sie jedes Jahr für die Neujahrsjagd herunter. Munition ist in einer Schachtel im Haushaltsraum.«

»Willst du den Borodinsky umbringen?«

Arthur schüttelt den Kopf. »Ich will ihm Angst einjagen, damit er's zugibt. Und ich will wissen, warum er es getan hat.«

»Und dann?«

»Dann weiß ich auch nicht.«

Elise seufzt. »Und ich auch nicht. Am Ende kommen wir selber ins Gefängnis. Also, das wäre der Plan. Ist es ein guter?«

»Nein. Aber der einzige.«

»Wir machen es. Heute Abend. Ab neun Uhr habe ich frei.«

Arthur steht auf. »Ich zeig dir, wie du den Grafen anlockst. Ich bin der Graf. Geh auf mich zu und lauf an mir vorbei.«

Elise nähert sich Arthur, den Blick zu Boden gesenkt.

»Ganz falsch«, sagt er. »Das ist genau der Punkt. Du musst mich anschauen. Sobald wir auf einer Höhe sind, schaust du mich an. Direkt in die Augen.«

»Ich traue mich nicht.«

»Du musst. Hebe deinen Blick. Ja, genau. Und jetzt lächeln. Nicht zu viel, nur ein bisschen. So, ja. Das ist der ganze Unterschied. Mehr ist es nicht.«

Elise zählt drei Schläge der Stadtkirchenglocke drüben auf der anderen Seite der Saale. Sie steht seit einer halben Stunde hier im Park gegenüber vom Kursaal, geht immer zehn Schritte vor, dreht sich um und geht dann zehn Schritte rückwärts, wie Arthur es ihr erklärt hat. Auf dieser Seite des Flusses ist weniger los, hier ist es privater, hier gibt es wild wachsende Bäume statt Alleen, kaum Beleuchtung und keine Gendarmen. Und heute Abend auch sonst niemanden – abgesehen von den zwei Männern, die tief im Gespräch ihre Runden drehen; offenbar keine Freier, sonst wären sie wohl alleine unterwegs. Doch, eine kleine verschleierte Frau geht noch spazieren, am entgegengesetzten Ende der Umlaufbahn, auf der die Männer sich befinden. Zwei Runden sind sie schon gelaufen, jetzt stehen sie unten am Fluss, bei der einzigen Lampe diesseits der Saale.

Acht, neun, zehn Schritte nach hinten. Elise dreht sich um. Ein Mann kommt auf sie zu. Ein dicklicher Mann mit Zylinder. Er ist vielleicht sechs Schritte von ihr entfernt. Wo kommt er auf einmal her? Elise starrt zu Boden, dann zwingt sie sich, wieder zu ihm hochzuschauen. Er starrt mit einer Mischung aus Erschrockenheit und Empörung zurück, und dann ist er schon weiter. Es ist der Portier. Er wohnt hier irgendwo, fällt Elise ein. Morgen wird sie von ihm hören. Morgen wird sie wahrscheinlich ihre Stelle los sein. Sie seufzt und schaut wieder zu den zwei Männern unten am Fluss. Es ist nur noch einer da, und er sieht zu ihr hoch. Wo ist der andere? Da, er kommt auf sie zu. Er hebt seinen Hut zur Begrüßung und entblößt eine Glatze, nackt und knochig wie ein Totenschädel. »Mein Herr lässt fragen, ob Madame eventuell Interesse an einem Treffen mit ihm hätte.«

Elise schaut zu dem Mann am Fluss. Auch er hebt den Hut zum Gruß. Es ist kein Ausseer Hut, sondern eine Melone, aber der Bart des Mannes ist kinnfrei und an den Wangen spitz ausgezwirbelt. Graf Borodinsky.

»Ferner lässt er fragen«, fährt der kleinere Mann fort, »ob Madame einen Ort für ein solches Treffen bereits kenne, und wenn, wo dieser sich befinden möge.«

»*Hotel Karl von Hess.* Zimmer 209 im zweiten Stock. Fragen Sie Ihren Herren, ob das in Ordnung ist. Dann treffen wir uns dort in fünfzehn Minuten.«

»Wissen Sie, wer ich bin?« Graf Borodinsky sitzt mit dem Rücken zur Wand neben der Tür auf dem Boden. Seine Arme und seine langen Beine hat er jeweils überkreuzt.

Arthur steht über ihm und hält ein Jagdgewehr auf ihn gerichtet. Elise befindet sich gegenüber am Fenster neben dem Bett.

»Sie sind Graf Borodinsky«, sagt Elise. »Die Gräfin von Hohenembs hat es mir erzählt.«

»Ich bin Zar Alexander von Russland, und die Gräfin von Hohenembs ist in Wirklichkeit die Kaiserin Elisabeth von Österreich.«

»Das trifft sich gut«, sagt Arthur. »Ich bin nämlich König Ludwig von Bayern.«

»Machen Sie sich nicht lächerlich«, sagt der Graf. »König Ludwig hat keine roten Haare.«

»Sie wollen doch nur ablenken«, sagt Elise. »Sophie war meine Schwester, und Sie haben sie umgebracht.«

»Ich sagte doch schon, ich weiß nichts darüber. Es tut mir leid wegen Ihrer Schwester, aber ich habe nichts mit ihrem Tod zu tun. Ich war mit ihr auf dem Zimmer, ja, aber als ich ging, war sie gerade eingeschlafen. Mehr weiß ich nicht. Sie werden beide in allergrößte Schwierigkeiten kommen, wenn Sie mich nicht sofort freilassen. Morgen früh reisen wir ab.«

»Um wie viel Uhr haben Sie gestern das Zimmer verlassen?«, fragt Elise.

»Um halb zwölf ungefähr.«

»Aber Sie sind doch wiedergekommen«, sagt Elise. »In der Früh. So kurz nach fünf. Sie sind wiedergekommen und haben Ihren Hut geholt. Damit kein Beweisstück mehr da ist.«

Der Graf sieht sie verdutzt an. »Welchen Hut?«

»Den Filzhut mit der Kordel«, sagt Elise.

Der Graf nickt. »Ach ja. Wo ist er bloß?«

Die Tür geht auf. Ein barfüßiger Mann kommt herein und macht sie hinter sich zu, ohne sich umzudrehen – alles in einer schleichenden, raubtierähnlichen Bewegung. Er hält eine Pistole in der rechten Hand und zielt auf Arthur. Es ist der Begleiter des Grafen von vorhin.

»Darf ich vorstellen?«, sagt der Graf. »Pjotr, mein Leibwächter. Pjotr, warum haben Sie so lange gebraucht?

»Es ist nicht so einfach, Herr, den richtigen Moment zu erwischen. Ich wollte nichts unterbrechen, neulich war mir das ganz unangenehm.«

»Ist schon recht, Pjotr. Würden Sie den Leuten erklären, wer ich bin, bevor wir gehen?«

»In Wirklichkeit?«

»In Wirklichkeit.«

»Wo soll ich anfangen? Also, das ist Alexander der Zweite, Kaiser und Selbstherrscher von ganz Russland, von

Moskva, Kiev, Wladimir, Nowgorod, Zar von Astrachan, Zar von Polen, Zar von Sibirien ...«

Der Graf winkt ab. »Kürzen Sie's ab.«

»... Herr zu Pikow und Großfürst von Smolensk, Litauen und so weiter, Gebieter aller nördlichen Lande ...«

»Das reicht. Ich bin der Zar von Russland, und Sie lassen mich jetzt gehen.«

»Graf oder Zar, Sie sind ein Mörder«, sagt Arthur. »Geben Sie es zu.«

»Legen Sie das Gewehr auf das Bett«, sagt Pjotr. »Sie haben fünf Sekunden. Eins ...«

»Und ich gebe Ihnen drei«, sagt Arthur. »Zwei ...«

Ein Schuh quietscht außen im Korridor.

»Das ist der Mörder«, ruft Elise.

»Drei«, sagt Pjotr.

Arthur spannt sein Gewehr.

Das Quietschen kommt näher.

»Hört doch auf, ihr zwei!«, flüstert Elise. »Der Mörder ist draußen auf dem Korridor!«

»Welcher Mörder?«, fragt Pjotr.

»Ach«, sagt der Graf. »Das dauert jetzt zu lang. Machen Sie es wie vorhin: Drehen Sie die Lampe herunter und wieder auf, wenn die Person im Zimmer ist. Und seid nun alle still.«

Elise dreht die Lampe am Bett herunter, sodass nur ein kleiner Kreis um den Nachttisch herum beleuchtet ist.

Man hört nun auch die leiseren Schritte des anderen Schuhs zwischen den Quietschgeräuschen vor der Tür. Quietsch, Schritt. Quietsch, Schritt.

»Da kann ich gar nicht zuhören«, flüstert Arthur. »Der Schuh gehört gewachst.«

»Psst!«, zischt Pjotr.

Die Schritte stoppen unmittelbar vor der Zimmertür. Nun ist es der Türgriff, der quietscht, und die Tür geht auf. Im fahlen Licht der Öllampe im Korridor ist eine schwarze Silhouette zu sehen. Die Tür wird geschlossen, und im gleichen Moment dreht Elise das Licht der Nachttischlampe auf.

Vor ihnen steht eine Frau mit einem Messer in der Hand. Elise erkennt sie, es ist die Frau aus dem Park. Den Schleier hat sie zurückgeschoben. Es ist dieselbe Frau, die heute Nachmittag oben auf der Ruine Botenlauben neben der Gräfin Borodinsky stand. Sie wendet dem Grafen den Rücken zu, steht genau zwischen Arthur und Pjotr, die beide ihre Waffen auf sie gerichtet haben. Sie scheint die zwei Männer aber kaum wahrzunehmen.

»Wo ist Sascha?« Sie hält das Messer auf Elise gerichtet und macht einen Schritt auf sie zu. Ihr Blick ist voller Hass.

»Lassen Sie das Messer fallen, Gräfin Dolgorukaia«, sagt Pjotr.

»Warwara«, sagt der Graf müde und seufzt. »Was machst du bloß für Sachen.« Es ist keine Frage – es klingt, als wüsste er genau, was sie für Sachen macht.

Die Gräfin dreht sich um. »Sascha, ich habe doch gesagt, wenn du fremdgehst, bring ich sie um. Ich bring sie alle um.«

Pjotr greift nach ihrer Hand, entwendet ihr das Messer.

»Aber das ist ja gar nicht Ihre Frau«, sagt Elise.

»Natürlich nicht«, sagt der Graf. »Meiner Frau ist das einerlei.«

»Ich bin seine Geliebte«, sagt die Gräfin. »Seine einzige Geliebte.«

»Und Sie haben meine Schwester umgebracht und später den Hut geholt. Um ihn zu schützen«, sagt Elise und zieht an der Kordel der Bedienstetenglocke.

Kissinger Intelligenz-Blatt, 15. Juno 1864:

Eine Tat seltener Unmenschlichkeit ist im Hotel Karl von Hess *in Kissingen in der Nacht auf Mittwoch verübt worden. Eine Bedienstete desselben Hotels wurde auf grausigste Art ermordet aufgefunden. Die Tatverdächtige, eine Dame aus dem russischen Hochadel, wurde von der örtlichen Gendarmerie auf vorbildlichste Weise kurz darauf überführt, und die Bevölkerung darf sich auf das Sicherste aufgehoben fühlen. Das Motiv liegt vermutlich im privaten Bereich. Für den Nachkommen des elendlich umgekommenen Opfers wird eine großzügige Stiftung eines anonymen Spenders sorgen.*

Fünf Jahre später, ein sonniger Sonntagnachmittag auf der Kurpromenade. Ein Ehepaar sitzt auf einer Bank und schaut zu, wie eine Schar Kinder im Park vor dem Kursaal spielt. Auf einmal lösen sich zwei aus der Gruppe, ein siebenjähriger Junge und ein vierjähriges Mädchen, und kommen auf das Paar zugerannt.

»Was ist los, Paul und Sophie?«, ruft die Frau. »Wollt ihr nicht mehr mit den anderen spielen?«

»Ach, Mama, die streiten«, sagt der Junge. »Die spielen wieder Kaiserkur.«

»Ja«, sagt das Mädchen. »Die Jungs wollen alle der Zar sein. Die sagen, das ist mehr als Kaiser oder König. Und die Mädchen wollen Sisi sein, weil sie die Schönste ist.«

»Und was habt ihr ihnen gesagt?«, fragt der Mann.

»Was die Mama immer sagt«, sagt Paul.

»Ja«, pflichtet ihm seine Schwester bei. »Dass alle, Zar und Zarin, Kaiser, Kaiserin und König, dass die alle gleich blöd sind.«

Der Mann lacht und dreht sich zu seiner Frau. »Na, Elise, da hast du ganze Arbeit geleistet.«

»Weil es doch wahr ist, Arthur. Und jetzt gehen wir Eis essen. Ich habe gehört, es soll jetzt Eis aus Erdbeeren und Schokolade geben. Was haltet ihr davon, Kinder?«

»Eis aus Erdbeeren?«, ruft Paul. »Ja!«

»Und für mich bitte aus Schokolade!«, sagt das Mädchen.

Das Ehepaar steht auf, nimmt die Kinder an der Hand und läuft weiter die Promenade entlang zum Eisstand.

Horst Prosch

Beten oder flüchten

Haßfurt

Er klopft wieder. Einmal hier und einmal dort, aber immer ans Fenster. Mit seinem Stecken. Diesem dunklen, abgewetzten, speckigen Stock mit dem rechtwinklig angebrachten Griff am oberen Ende, an dem er sich sonst festhält und über die Straße wankt. Der Herr Winter.

»Freuln Schmiedl ...?«

Jetzt ruft er sie auch noch, mitten in der Nacht. Und er ruft *sie*. Anna Franziska Gertrude Leopoldine Schmiedel. Geborene Schmiedel. Nie verheiratet. Niemals verlobt. Manchmal verliebt. Vor fünfzig Jahren oder so. Er sagt nicht »Frau« und auch nicht »Fräulein« zu ihr, sondern Freuln Schmiedl. Ihr Nachname wird dabei ohne das zweite e bedrohlich in die Höhe gezogen. Da bekommt sie sofort ein schlechtes Gewissen, als hätte sie etwas Unrechtes getan. Dabei gibt es seit Jahrzehnten keine Fräuleins mehr, die wurden abgeschafft. Nur bis zum früheren Oberleutnant Herrn Theodor Winter ist das noch nicht vorgedrungen.

Ein heftiger Schlag gegen die dünne Fensterscheibe lässt das Glas klirren. Sie beginnt zu beten.

Liebe Heilige Bilhildis, du erste Heilige des Frankenlandes, pflege die Wunden und Narben des Herrn Winter, damit er von seiner Pein befreit wird und mich schlafen lässt.

Für einen Moment ist Ruhe. Kein Klopfen an der Fensterscheibe, auch sonst nichts, was Beunruhigung hervorruft.

Anna löst langsam ihre alten, knorrigen, abgearbeiteten Finger von der Bettdecke, die sie sich bis zu den Ohren hochgezogen hat, damit sie weniger hört.

Ihr Herz schlägt schnell, viel zu schnell. Wenn er nur endlich seine ewige Ruhe finden würde, der Herr Winter. Wenn er sich endlich an einem dieser unsäglichen Schnäpse zu Tode saufen würde.

Sofort bereut sie, was sie gedacht hat, und im gleichen Moment wird sie für ihren Wunsch bestraft. Der Stock trifft die Fensterscheibe schräg hinter ihrem Bett, mehrmals hintereinander, immer an derselben Stelle. Die Scheibe wimmert unter den harten Schlägen, vibriert wie bei heftigem Donner über der Stadt, und Anna erwartet, dass jeden Augenblick das Glas birst und in tausend Stücke zersplittert. Sie setzt sich in ihrem Bett auf, das unter ihrem Gewicht ächzt. Anna ächzt mit, so leise wie möglich. Hoffentlich hat das der Herr Winter jetzt nicht gehört, sonst weiß er, dass sie nur einen Meter von ihm entfernt ist. Die Wände sind dünn und nicht isoliert, da hilft auch die Lage Styroporplatten wenig, die sie zwischen dem Bett und der Wand eingeklemmt hat, um die Kälte zu mildern.

»Freuln Schmiedl ...«

Anna hält sich die Hand vor den Mund, sie darf keinen Mucks machen. Und so faltet sie die Hände unter der dicken, schweren Bettdecke, dreht den Kopf nach links in die Ecke, wo ein Kruzifix an der Wand angebracht ist mit einem Heiland daran, der immer auf sie achtgibt, und schickt ein lautloses Stoßgebet zum Himmel.

Heiliger Bruno von Würzburg, lass den Herrn Winter draußen unter dem Fenster sanft einschlafen bis morgen früh. Dann werde ich mich um ihn kümmern und ihn in sein Bett verfrachten, die schrecklichen Narben aus dem

Krieg mit der Tinktur aus der Apotheke behandeln und Tee
für ihn kochen. Amen.

Sie könnte auch nach draußen gehen und ihm zu Diensten sein, damit er Ruhe gibt, aber das will sie nicht. Es ist mitten in der Nacht, es ist kalt, sie hat die Eingangstür zu ihrer Wohnung in diesem kleinen Haus mit drei zusätzlichen Riegeln gesichert und gleich in der Ecke neben der Tür einen dicken Eichenknüppel bereitgestellt. Sie weiß schon, warum.

Zumindest glaubt sie, alle drei Riegel zugeschoben zu haben, sicher ist sie sich nicht. Das Bett knarrt, obwohl sie sich kaum bewegt hat, und schon ist der Stock wieder da, und in das Klopfen des Stockes hinein wälzt sie sich aus dem Bett, so hört es der Herr Winter vielleicht nicht, weil er mit seinem Stock beschäftigt ist und sich mit der anderen Hand an der Hausmauer abstützt, sonst kann er in seinem Zustand nicht stehen. Sie sieht ihn in Gedanken vor sich, wie er mit den alten, schwarzen Lederstiefeln aus seiner Zeit bei der Armee auf den Pflastersteinen steht, den Uniformmantel offen, weil er die Knöpfe längst verloren hat, bis auf einen, ganz unten, aber der nützt nichts mehr, der hängt auch nur noch an einem langen Faden.

Anna muss aufs Klo, es drückt schon die ganze Zeit über. Die Blase ist voll, obwohl sie zum Abendbrot kaum etwas getrunken hat, das ist so bei ihr, seit über zwanzig Jahren schon. Als das nächste Klopfen einsetzt, lässt sie die Beine vom Rand des Bettes herunterhängen und hofft, dass direkt unter ihr die Pantoffeln stehen. Dann braucht sie nur hineinzuschlüpfen, sie muss sich hinunterfallen lassen ins platt getretene Lammfell, hineinsteigen kann sie nicht, dazu sind ihre Beine zu kurz.

Sie ist ja nur eins sechsundvierzig groß. Das steht so in ihrem Ausweis. Früher war sie mal zwei Zentimeter größer,

aber mit den Jahren ist sie geschrumpft. Ein altes, gottes-
fürchtiges Weib ist sie, sonst nichts.

Als ihre Füße den Boden berühren, knarren die alten Dielen.

Sie hat die Glockenschläge gehört, die von der Stadtkirche am Marktplatz kürzlich durch die Nacht gedrungen
sind. Ein tiefer Schlag. Gleich darauf ein hellerer. Also ist
es Viertel nach eins. Alles schläft. Alles ist ruhig. Nur der
Herr Winter draußen vor ihrem Fenster in der Färbergasse
schläft nicht.

»Freuln Schmiedl!«

Anna hält sich am Stuhl fest und tastet sich im Däm-
merlicht mit ihren kurzen, alten, krummen Beinen voran;
ihre Hände fühlen rechts die Ecke der alten Nähmaschine,
die gebeizte Oberfläche der Kommode, dann die Wand;
links davon breitet sich ein schwerer Vorhang aus, der das
Schlafgemach von der Stube trennt. Eine Tür gibt es nicht.

Die Füße kommen nur langsam voran, erspüren diese
kleine Unebenheit unter dem Flickenteppich, wo ein paar
lockere Bodenbretter sind, unter denen sie immer einen
Rest ihrer Rente aufbewahrt, zur Sicherheit. Unter dem
Teppich und den lockeren Brettern würde niemand suchen,
das wäre zu viel Aufwand. Nicht einmal der Herr Winter
käme auf diese Idee, doch ist sie sich dessen plötzlich nicht
mehr sicher. Die lockeren Bodenbretter fallen auf, sie müsste sie anders verlegen, das Geld von der Rente zusätzlich
abdecken oder unter die anderen Dielen schieben. Sie muss
das erledigen, bald.

Noch drei Meter hat sie vor sich. Fast lautlos gleitet der
schwere Vorhang zur Seite, und schon spürt Anna die Restwärme vom Ofen. Sie schließt den Vorhang hinter sich.
Durch das Fenster in der Stube dringt ein matter Schein he-

rein. Es ist das Licht des Hinterhofs. Fünf Meter breit und fünf Meter lang ist er. Ein Quadrat, genau ausgemessen. Wer immer diesen Hinterhof gebaut hat, er hat sich etwas gedacht dabei. Nur an die Ratten hat er nicht gedacht, Anna muss selbst schauen, wie sie mit denen zurechtkommt. Deswegen geht sie nachts auch nicht über den Hinterhof aufs Klo, das dort in einer Nebenkammer untergebracht ist, sondern tastet sich zum Stuhl vor, der neben dem Tisch in der Stube steht. Leise legt sie die abgewetzte, gepolsterte Abdeckung zur Seite, sucht mit den Fingern nach der kleinen Ausbuchtung im Metalldeckel, der den Topf abdeckt, greift hinein, hebt den Deckel hoch, legt ihn zur Seite, alles geht gut. Sie rafft das Nachthemd nach oben und hockt sich auf den Topf und während sie ihr Geschäft verrichtet, klopft er schon wieder ans Fenster.

»Freuln Schmiedl!«

Es ist ein Befehl. Die Stimme klingt wie aus dem Hof einer Kaserne, die lallende Zunge hört man trotzdem durch. Der Oberleutnant Winter hat gesprochen, und sie hat zu gehorchen. Egal, wo sie ist. Egal, was sie gerade tut. Und obwohl der Befehl nur gedämpft bis zu ihr vordringt, weiß sie, was sie zu tun hat.

Beten oder flüchten.

Der Herr Winter ist auch nur ein Mensch, ein armer, verlassener, verwundeter Mensch, der es einmal gut mit ihr gemeint hat, als er ihr diese Wohnung verschaffte. Er nannte es tatsächlich »Wohnung«. Dabei ist es nur eine Behausung. Die Decken sind niedrig und krumm, die Wände schief, und wenn sie einen Nagel einschlagen will, um ein Bild ihrer Tochter oder der Enkelkinder aufzuhängen, quillt das Stroh unter dem dünnen, abblätternden Putz hervor. Es ist eine Unterkunft für Leute wie sie, die nur die niedrigste

Rente bekommen, mit Aufstockungsbetrag und Kinderzulage und anderen Zuschlägen; sie ist froh, überhaupt ein Dach über dem Kopf zu haben.

Der Herr Winter hat sie herausgeholt aus dem noch viel schlechteren Loch in der Fuchsgasse, wo sie sich die ausgetretenen Stiegen zwei Stockwerke hochschleppen musste, nur ein einziges Zimmer hatte und sich das Klo im Treppenhaus mit anderen Leuten teilen musste. Da sind ihr die vier Stufen vor dem Eingang und die zwei Zimmer und der vorhandene Ofen und der Gang und der Hinterhof und das Extraklo im Anbau wie Luxus erschienen. Von der Stadt Haßfurt bekommt sie sogar einen Mietzuschuss für Härtefälle, vier Mark und dreißig Pfennig. Das ist nicht viel, aber besser als nichts, und wenn sie das in Mehl und Zucker und Kaffee umrechnet, ist das ganz schön viel Geld.

Der Herr Winter hat sie aus einem Dutzend Bewerber ausgesucht, ausgerechnet sie, die damals schon weit über siebzig war. Er hat die Leute angeschaut, alle einzeln, wie sie auf der Straße vor dem Haus standen, seinen Blick auf ihr verweilen lassen, ganz intensiv, sie von Kopf bis Fuß gemustert, und dann mit dem Holzstecken auf sie gedeutet. Anna konnte ihr Glück kaum fassen. Sie musste dem Herrn Winter für sein Entgegenkommen den Rücken eincremen, fast täglich, als würde er wissen, dass sie einmal in einer Apotheke gearbeitet hatte und sich ein wenig auskannte mit Wunden und anderen Dingen. Vom Krieg hat Herr Winter eine Wunde mit nach Hause gebracht, so was hat auch sie noch nie gesehen, rötlich eingefärbt in der Mitte, wie ein Trichter, in den etwas hineingeschüttet werden konnte. Aber in den Trichter auf diesem Rücken konnte nichts hineingeschüttet werden. Da kam ständig etwas heraus. Immer wieder. Es war eine Erinnerung an Russland.

An Leningrad. An die Schützengräben. Er hat ihr Geschichten erzählt und eine Schnapsflasche in der Hand gehalten, um den Schmerz besser ertragen zu können, während sie eine Tinktur aus der Apotheke um diesen Trichter herum verteilte; dabei wollte sie seine Geschichten von den langen, eisigen Nächten und vom Granatenbeschuss und den vielen Toten gar nicht hören.

Es muss am Ende des Krieges gewesen sein, als fast schon alles vorbei war. Da ist er in einen Hinterhalt geraten, ganz allein, als er ein zerschossenes Haus kontrollierte, und plötzlich hatte er ein Messer an seiner Kehle. Wo er herkomme, wurde er gefragt, und wo er hingehe. Und zu wem er gehören würde. Aber er hat nichts gesagt, keinen Ton. An seiner Kleidung hat man nicht erkennen können, dass er Deutscher war. Und so haben sie versucht, die Antworten aus ihm herauszupressen, ihm einen Topf auf den Kopf gestellt und Wasser hineingegossen. Immer mehr und immer mehr; der Topf wurde so schwer, dass sein Kopf zu zittern begann, und das Messer an seiner Kehle war scharf. Dann kam noch etwas Bohrendes in seinem Rücken dazu. Das fraß sich langsam durch den Mantel hindurch, er wusste nicht, was das war, hat es nicht gesehen. Es war heiß und kalt zugleich. Er hat diesen Schmerz ausgehalten, irgendwie, hat den Kopf gerade gehalten, damit das scharfe Messer ihm nicht die Kehle aufschlitzte, und als sie nichts aus ihm herausbekamen, verschwanden sie plötzlich wortlos im Dunkel der Hausruine. Da hatte sich der Oberleutnant in die Hosen gemacht und zu zittern begonnen. Der Wassertopf fiel herunter, und als er es endlich wagte, sich mit der Hand an die Kehle zu fassen, war alles blutig.

Diese Szene träumt der Herr Winter jede Nacht. Wenn er Schnaps getrunken hat, träumt er nur ein Drittel, dann hat er nur den Topf mit Wasser auf seinem Kopf, alles andere vergisst er. Sagt er. Deshalb trinkt er, nicht nur vor dem Schlafengehen.

Und so hat Anna immer weiter seinen Rücken eingecremt, die Tinktur aus der Apotheke auf die Wunde geschmiert, die nicht abheilen wollte, die ganz rot war und offen, und aus der immer wieder mal weißes, stinkendes Sekret ausgetreten ist. Sie hat gedacht, sie schafft das, weil sie in ihrem Leben schon so viel geschafft hat. Aber dass der Herr Winter gewalttätig werden kann, wenn er betrunken ist, das hat sie nicht gedacht. Und jetzt ist sie noch kleiner und noch ein bisschen runder und auch buckliger und schon über achtzig, und seinen Rücken cremt sie nur noch ein, wenn er einigermaßen nüchtern ist, was selten vorkommt.

Heilige Maria, Mutter Gottes, bitte für uns Sünder, jetzt und in der Stunde der größten Not.

Sie ist fertig und müsste vom Nachttopf aufstehen, aber sie weiß, dass ihr das nur selten ohne Geräusch gelingt. Sie muss es trotzdem versuchen. Der Metalltopf klebt an ihrem nackten Hintern, der die ganze Stuhlbreite ausfüllt, und wenn er herunterfällt in den Holzrahmen, hört sich das an, als sei eine Schöpfkelle auf den Boden gefallen. Der Herr Winter kann das draußen auf der Straße hören. Er hat gute Ohren, eigentlich seltsam, wo doch angeblich tausend Granaten direkt neben ihm eingeschlagen sind, sodass er tagelang nichts mehr hören konnte, damals.

Franziska, du schaffst das.

Sie spricht sich mit ihrem zweiten Vornamen an, das macht sie immer, wenn etwas unbedingt gelingen muss.

Vorsichtig bewegt sie sich hin und her, es gelingt tatsächlich, und so quält sie sich wieder vom Stuhl herunter, der unter ihrem Gewicht leise ächzt, die Füße erreichen den Boden, und als sie nach dem Deckel für den Nachttopf tastet, greift sie daneben, er poltert herunter, und im nächsten Moment klirrt eine Fensterscheibe.

Sie wartet auf dieses »Freuln Schmiedl ...«, aber da kommt nichts.

An der Wand hinter dem Diwan tickt die Uhr. Ganz leise. Ganz gleichmäßig. Und trotzdem viel zu laut. Der Sekundentakt wird zum Donnerschlag, hinzu kommt ihr Herz, das sich unter dem dünnen Nachthemd wie wild gebärdet. Ihr ist kalt. Sie steht mit nackten Füßen in den Pantoffeln auf dem alten Linoleum, nicht mal Socken hat sie an.

Was nun? Warum hat die Fensterscheibe geklirrt, anders als zuvor? Das war kein harter Klang, sondern weicher, als sei eine Scheibe zu Bruch gegangen, die nicht eingeschlagen, sondern eingedrückt wurde.

Warum klopft der Oberleutnant nicht mit dem Stecken? Dann wüsste sie, wo er ist, aber so weiß sie es nicht. Wenn es Sommer wäre, würde sie sich leise aus der Stube schleichen, in den Gang gehen, der zum Eingang führt, und dann nach rechts, wo es in den Hinterhof geht. Dort würde sie sich verstecken. Dort steht eine alte Bank in einer besonders dunklen und windgeschützten Ecke, ein Platz zum Verkriechen und Meditieren und Beten, davor ein paar Pflanzen, Gottesaugen und Stiefmütterchen und im Sommer Margeriten; aber es ist nicht Sommer, es ist später Herbst, fast schon Winter, die Pflanzen sind in den ersten kalten Nächten erfroren, und der Herr Winter klopft noch immer nicht.

Vor den Ratten im Hinterhof hat Anna keine Angst. Die kennt sie von Troppau und von der monatelangen Flucht aus der Tschechoslowakei, an der Hand ihre fünfjährige Tochter – bis sie irgendwann in Haßfurt landeten. Ausgerechnet in Haßfurt, dachte sie sich damals. Der Ortsname erinnert mit seiner ersten Silbe ständig an den Krieg, an die Flucht, an die Vertreibung aus der Heimat, an die Demütigungen. Zunächst waren sie eine Zeit lang in Hof untergebracht gewesen, da war es beinahe unerträglich eng. Sie mussten sich zu zehnt ein einziges Zimmer in einer ehemaligen Kaserne teilen. Lauter Fremde. Lauter Leute, die nicht wussten, wohin. Dann war es endlich weitergegangen mit dem Zug. Sie hockten mit ihren wenigen Habseligkeiten zusammengepfercht wie Vieh auf dem blanken Boden und hatten keine Ahnung, wohin sie gebracht wurden. Der Zug hielt in Münchberg und in Lichtenfels, dann noch in Bamberg, und immer hoffte sie, nun sei sie mit ihrer kleinen Tochter an der Reihe und ihr Name würde auf der Liste stehen, die der Schaffner verlas. Es ging weiter, immer weiter. Schließlich kam Haßfurt, und irgendwo auf dieser Liste stand ihr Name. Sie hörte ihn nicht gleich. Sie hörte nur *Haß*, nicht *furt*. Und sie hoffte und betete inständig zu ihrem allmächtigen Gott, dass sie weiterfahren durften, irgendwohin, nach Schweinfurt oder Würzburg oder Fulda. Nicht Haßfurt! Bitte nicht Haßfurt! Wie in Trance war sie mit ihrer kleinen Tochter an der Hand aus dem Zug geklettert, fast herausgefallen, weil hinter ihr die Leute nachdrängten, und hatte am Bahnsteig in ablehnende Gesichter geschaut.

Der Oberleutnant ist besoffen, aber sie hat keinen Alkohol, nur Franzbranntwein zum Einreiben, und den kann sie ihm nicht geben, der würde sich damit vergiften. Obwohl, wenn er sich damit zu Tode säuft, hätte sie ihre Ruhe.

Sie hält sich vor Schreck die Hand vor den Mund, dabei hat sie kein Wort gesagt. Aber gedacht hat sie das.

Eine zusätzliche Kerze wird sie spenden müssen in der Ritterkapelle. Zwei nebeneinander. Eine für den Herrn Theodor Winter und eine für ihre Tochter Gerda, für die sie einmal im Monat ein Paket schnürt, um sie zu unterstützen. Sie faltet die Hände.

Oh, du mein lieber heiliger Willibald, schick dem Herrn Winter frisches, gutes Wasser, damit er davon kosten möge und für immer seinen Durst stillen kann.

Wieder klirrt leise Glas, zweimal, dreimal, als würden Teile davon auf dem Boden in tausend Stücke zerspringen, und Anna beginnt zu zittern.

Er wird doch nicht das Glas aus der Eingangstür herausschlagen?

Soll sie sich überwinden und ihn einfach fragen?

Lieber nicht. In diesem Zustand ist er unberechenbar. Sie kennt das. Schon mehrmals hat er Dinge nach ihr geworfen, wenn er sie loswerden wollte und sie es ihm nicht recht machte. Leere Schnapsflaschen. Aschenbecher. Einen Suppentopf. Einmal hat er sogar nach einem Messer gegriffen, das auf dem Küchentisch in seiner Wohnung lag.

Sie zieht vorsichtig die Decke vom Diwan herunter und wickelt sie sich um den Leib, tastet sich zurück zum Herd und legt die Hände auf die Ofenplatten. Das Metall ist noch warm, es tut gut und ist gerade so temperiert, dass sie sich nicht verbrennt. Neben dem Ofen lehnt der große, eiserne Schürhaken. Den könnte sie zur Verteidigung benutzen, wenn es notwendig wird. Es ist die einzige Waffe, die ihr greifbar erscheint. An den dicken Eichenknüppel, der gleich in der Ecke neben der Eingangstür steht, kommt sie im Augenblick nicht heran. Da fuhrwerkt der Herr Winter herum, er drückt noch immer das Glas aus der Fassung der Eingangstür.

Er weiß nicht, was er tut, denkt Anna. Vielleicht hat er auch fürchterliche Schmerzen von der Wunde an seinem Rücken, oder er braucht Hilfe. Warum wartet er nicht bis zum Morgen? Warum sagt er nicht, dass er Hilfe braucht? Ein einziges verständliches Wort würde doch genügen. Warum schreit er nach ihr mit seiner entsetzlichen Stimme?

Es klirrt wieder, und es hört sich an, als habe er es nun geschafft, das Glas vollständig aus der Fassung zu drücken.

»Freuln Schmiedl ...«

Anna nimmt den Schürhaken aus der Ecke und öffnet vorsichtig die Stubentür, die in den Gang führt.

Von der linken Seite, dort, wo die Eingangstür ist, dringt ein schwacher Lichtschein herein. Es ist Vollmond. Auch das noch. Der Mond scheint durch die Färbergasse schräg in den Gang, vor der Tür bewegt sich Herrn Winters Schatten.

Etwas Metallisches knirscht im Holzrahmen der Haustür.

Der erste Riegel, denkt Anna. Er hat den ersten Riegel zurückgeschoben.

Erneut knirscht es, dann wieder.

Der zweite und der dritte Riegel. Daran hat sie nicht gedacht, dass jemand einfach das Glas der Haustür einschlagen könnte, um die Sicherheitsriegel aufzuschieben.

Eine Hand wird durch die Öffnung mit dem herausgebrochenen Glas gestreckt und greift nach dem Schlüssel, der von innen im Schloss steckt. Sie lässt ihn immer von innen stecken, so kann niemand einen anderen Schlüssel von außen ins Schloss schieben.

Wie töricht sie war. Ein Gebet hilft jetzt nicht mehr.

Sie schleicht nach rechts zur Hinterhoftür, drückt die Klinke herunter, die fürchterlich quietscht. Noch ist er nicht im Gang, sie hat ein paar Sekunden Zeit. Und so tritt sie hinaus, drückt die Tür von außen zu, zieht die alte Bank heran und stellt sie schräg gegen die Tür. Sie steht da und lauscht in die Nacht hinein.

Für einen Moment friert sie nicht, sie hat die Kälte vergessen. Ihr Herz klopft, als würde es für drei Menschen gleichzeitig schlagen, aber der Schürhaken in ihren Fäusten gibt Sicherheit. Sie kann sich wehren, wenn es sein muss.

So weit ist er noch nie gegangen. Manchmal hat er nachts im Suff mit dem Stock gegen ihre Fensterscheiben geschlagen, aber dann war Schluss.

Heute ist nicht Schluss.

Sie weiß nicht, was er von ihr will. Das wenige, das sie sich aufspart, schickt sie ihrer einzigen Tochter Gerda nach Ammerndorf in Mittelfranken, weil die selbst fünf Kinder hat und jeden Pfennig umdrehen muss. So gibt es einmal im Monat ein Paket mit Zucker und Mehl und Nüssen und Kaffee und selbst gestrickten Socken und Schokolade für die Kinder. Das schleppt sie aufs Postamt, aber zuvor wird das Paket außen herum mit einer Schnur gesichert und mit vielen dicken Knoten versehen. Die Knoten müssen sein, anders gibt sie das Paket nicht aus der Hand, auch wenn der Postbeamte immer lacht und sagt, da genügt ein einziger Schnitt mit der Schere, und dann sind die ganzen Knoten umsonst gewesen.

Plötzlich spürt Anna die Kälte wieder, und sie glaubt, Schatten huschen zu sehen: Ratten. Die lebten schon hier, als sie vor vielen Jahren eingezogen ist. Sie hat sie nicht vertreiben können, obwohl sie Unmengen Rattengift verteilt und die Fallen an immer neuen Orten platziert hat. Sie sind einfach da, klettern übers Dach und wandern durch die Kanalisation und kommen überallhin. Einmal hockte eine vor der Tür zum Klo und bewegte sich nicht von der Stelle. Das ist Jahre her, aber Anna wird es nie vergessen. Sie hat geschrien, mit den Händen herumgefuchtelt, schließlich einen Stock genommen und gegen einen alten Topf geschlagen. Endlich trottete das Viech davon, ganz langsam, und Anna überlegte, ob diese Ratte vielleicht krank war und kurz vor dem Sterben. Hätte sie ihr dann helfen müssen? So einer alten Ratte? Es ist ja auch ein Geschöpf Gottes, wenn auch eines, das nicht unbedingt Sinn ergab. Aber in Gottes Welt ergibt alles einen Sinn, auch wenn man ihn nicht gleich erkennt.

In der Wohnstube geht plötzlich das Licht an. Der Oberleutnant kennt sich hier aus. Es ist seine Tür, deren Glas er gerade eingeschlagen hat, sein Gang, den er im Dunkeln entlanggelaufen ist, und nun steht er in seiner Wohnstube, auch wenn sie an Anna Schmiedel vermietet ist.

Anna hat nur einen dünnen Vorhang vor dem Fenster zum Hinterhof. Mehr braucht sie nicht. Sie will an diesem Platz die Sonne genießen und hinausschauen können, wenn sie auf dem Diwan sitzt und die Zeitung von gestern oder vorgestern liest, die ihr eine Nachbarin manchmal vorbeibringt, damit sie was zum Anschüren hat. Und nun schaut sie selbst durch den Vorhang hinein in ihre eigene Stube, als würde sie in einen fremden Raum blicken, wo nun Licht brennt, und sie sieht den Herrn Oberleutnant, wie er sich unsicher am Stuhl festhält und am Tisch, wie er herumschaut, irgendetwas sucht und mit dem Stock Dinge vom Regal über dem Diwan abräumt.

Er wühlt in ihren Schränken, öffnet Türen und Schubladen am Küchenbüfett und lässt sie offen stehen; dann kramt er zwischen den Töpfen herum, Metalldeckel landen klappernd auf dem Fußboden. Er geht ein paar unsichere Schritte in Richtung Schlafgemach, hält sich am Herd fest und an der Wand, und der Stock in der anderen Hand tastet sich vorwärts, Zentimeter für Zentimeter, als müsste er erst prüfen, ob der Dielenboden einer Belastung standhält, schiebt dann mit dem Stock den Vorhang ein Stück zur Seite, ganz langsam, wie in Zeitlupe. Licht fällt plötzlich auf das Bett, auf *ihr* Bett, in dem sie sonst schläft und ruht und sich herumwälzt, wenn sie nicht schlafen kann. Aber da ist sie nicht.

Der Herr Winter sieht es auch, das Bett ist leer. Nur die Restwärme eines menschlichen Körpers, die sich mehr und mehr verflüchtigt, verbirgt sich unter der halb zurückgeschlagenen Decke.

Annas verbliebene Zähne klappern plötzlich unkontrolliert aufeinander, dabei hat sie nicht einmal ihr Gebiss im Mund. Das nimmt sie vor dem Schlafengehen immer heraus und legt es in eine Porzellanschale auf dem Nachtkästchen. Da liegt es nun, und genau dorthin fällt auch der Lichtschein. Auf das Gebiss und ihren Rosenkranz.

Oh, du mein lieber heiliger Makarius. Du hast den Wein vom Bischof Embrico in Wasser verwandelt. Verwandle nun auch den betrunkenen Oberleutnant in einen nüchternen, normalen Menschen, der sein böses Tun erkennt, aus meinem Schlafgemach verschwindet und hinausgeht in die Nacht. Und bitte lass es geschehen, dass alles wieder gut wird.

Nichts wird gut. Der Oberleutnant hat den Vorhang vollständig zur Seite geschoben; er hält sich an der Wand fest, dreht sich noch einmal verwundert um und schaut kurz zum Fenster in den Hinterhof und in die Nacht hinaus. Er sieht sie nicht. Dann verschwindet er im Schlafgemach.

Licht leuchtet plötzlich hinter dem Vorhang auf, ein Schatten bewegt sich.

Er wird die alten Unterhosen im Schrank finden, fährt es ihr durch den Kopf, und die Unterröcke und die langen, dicken Strumpfhosen für den Winter, die sie manchmal doppelt anzieht, damit es sie unter dem Rock nicht so friert, wenn sie den Weg von der Färbergasse bis zur Ritterkapelle geht, um die Heilige Messe zu besuchen. Sie hat keine Hosen, die dem Herrn Oberleutnant vielleicht passen könnten. Sie hat noch nie Hosen besessen, auch keine getragen. Niemals. Nicht mal nach dem Krieg, als Hosen modern wurden.

Dann soll er das alte Zeug eben finden, denkt sie trotzig. Vielleicht erkennt er an den vielen gestopften Löchern in den langen Strumpfhosen, dass es bei ihr wirklich nichts zu holen gibt. Außer vielleicht ein paar Bilder aus der Kindheit ihrer einzigen Tochter Gerda. Die sind ihr heilig. Zwar verblichen und in Schwarz-Weiß, aber das spielt keine Rolle.

Gerda, wie sie neben ihrem eigenen Kinderwagen steht.

Gerda vor irgendeinem Haus, wo sie mit fremden Kindern spielt.

Gerda, wie sie in einem geliehenen Kleid zur Erstkommunion geht. Am selben Tag fragte sie damals, warum der Vater immer noch nicht da sei, und sie habe ihr doch versprochen, dass er zur Erstkommunion kommen würde.

Da hat sie der Gerda eine runtergehauen.

Der Vater kommt nicht mehr, hat sie dem erstaunten Kind zur Antwort gegeben. Und sie solle nie mehr nach ihm fragen. *Hast du gehört? Nie mehr!*

Gerda hat nie mehr gefragt. Jahre später hat Anna ihrer Tochter zu ihrem einundzwanzigsten Geburtstag erzählt – also erst, als sie volljährig geworden war –, dass ihr Vater ein sehr feiner Mann gewesen ist. Ein Offizier.

Noch am selben Abend hat Anna in der Ritterkapelle eine Kerze gespendet und angezündet, eine ganz große, und den

Herrn gebeten, er möge ihr verzeihen, aber sie könne ihrer Tochter nicht sagen, dass ihr Vater ein Säufer und Schläger und Trunkenbold gewesen ist, den sie nur ein einziges Mal in ihrem Leben gesehen hat, nachts auf dem Heimweg von der Tanzschule in Troppau. Und da ist es dann passiert. In einem fremden Treppenhaus. Im Keller. Ganz unten. Wo es dunkel war. So kann sie sich auch nicht an den Vater von Gerda erinnern. Nicht an den Namen und nicht an das Gesicht, das unter einer schief sitzenden Mütze verborgen war. Nur an die Schläge, die er ihr verpasst hat, weil sie sich anfangs wehrte, und an seinen entsetzlichen Atem. Da hat sie leise begonnen zu beten, nur für sich, und ihre Lippen bewegten sich. Sie betete den ganzen Rosenkranz, wobei es wohl nicht so lange gedauert hat, aber es kam ihr so vor. Jede Bewegung ihrer Lippen war ein stummer Schrei an den Herrgott, dass nichts passieren möge dabei, dass sie nicht schwanger wurde, dass es bald vorbei sei oder jemand die Treppe herunterkommen möge in den Keller, um Kohlen zu holen oder Bier oder was auch immer.

Doch der Herrgott war wohl mit anderen Dingen beschäftigt, er hörte sie nicht, obwohl ihr in der Kirche und von den Eltern immer etwas anderes gesagt wurde. Sie wird den Sinn der Ereignisse nicht gleich erkennen, hat man ihr eingetrichtert, und so hat sie weitergebetet, bis es endlich vorbei war.

Später hat sie alles dem Pfarrer gebeichtet, in allen Einzelheiten, weil er alles genau wissen wollte, das sei wichtig, hat er gesagt und ihr eine schwere Buße auferlegt. Von nun an wollte er sie jeden Tag in der Kirche sehen, denn die Sache unter der Treppe war vermutlich die Folge einer anderen Sünde, die sie mit der ungewollten Schwangerschaft büßen musste. Vielleicht habe sie ihre Eltern nicht richtig geehrt, den Sonntag nicht geheiligt, habe nicht immer die Wahrheit gesagt und dies nicht gebeichtet. Und dann hat er vorgeschlagen, sie solle sich überlegen, in ein Kloster einzutreten. Das könnte sie vielleicht von ihrer Sünde befreien.

Noch immer schleicht der Schatten von Herrn Winter durch ihr Schlafgemach, dringt in ihr Leben ein wie andere Schatten in früheren Zeiten, und sie hat sich nie wirklich gewehrt. Immer hat sie versucht, gehorsam zu sein, es hat ihr nichts genutzt. Aber das muss sich ändern. Ein einziges Mal in ihrem Leben muss sich das ändern, nämlich *jetzt*!

Vielleicht ist alles nur deshalb so geworden, weil sie sich nicht gewehrt hat, sondern gehorsam war und sich dem Schicksal ergeben hat.

Der kalte, eiserne Schürhaken in ihrer Hand gibt ihr plötzlich Mut und Kraft, und das Stoßgebet, das ihr Mund lautlos in die Nacht hinausruft, *Heilige Stilla von Abenberg! Heilige Walburga! Heilige Günthild! Steht mir bei!*, setzt ihre kurzen Beine in Bewegung. Die Decke, die sie sich über die Schultern gelegt hat, rutscht herunter, als sie die Bank vor der Tür entfernt. Sie öffnet diese und schleift die Decke an einem Zipfel hinter sich her, vielleicht braucht sie die noch. Leise betritt sie den Gang, schleicht voran, soweit das mit ihren alten, krummen Beinen noch möglich ist, dann nach links; mühsam erklimmt sie diese eine Stufe, die in die Wohnstube führt. Drinnen poltert etwas, eine Schranktür im Schlafgemach quietscht.

Das ist die Tür ganz links, denkt Anna. Da sind nur die Sommerkleider und mein alter Koffer aus der Heimat und meine Hüte und die Stofftaschentücher und ein paar Tischdecken verstaut. Außerdem die Bettwäsche und die schönen Kissenbezüge für den Diwan, die noch kein Loch haben. In einem Kuvert ganz oben auf dem blanken Regalboden liegt noch ein besonderer Schatz, eine blonde Locke ihrer Tochter, die sie ihr abgeschnitten hat, zur Erinnerung, als sie die Flucht aus der Tschechoslowakei erfolgreich überlebt hatten, und außerdem ganz hinten ...

So weit will Anna nicht denken.

Sie steht in der Wohnstube. Auf dem Fußboden liegen Töpfe und die Scherben von ein paar Porzellantassen. Ausgerechnet ihr bestes Geschirr hat er zerdeppert. Dazu gesellen sich Mehl und Zucker und deren aufgerissene Verpackung; Früchteteebeutel und der offene Nieren- und Blasentee aus der Apotheke verteilen sich auf dem Stragula. Ein schlimmes Durcheinander. Ihr Nachthemd mittendrin wirkt wie das Gewand einer keuschen Jungfrau. Nur der eiserne Schürhaken passt nicht dazu.

Der Dielenboden im Schlafgemach knarrt und quietscht. Sie kennt das Geräusch jeder einzelnen Bohle. Jetzt ist er neben dem Bett, aber auf der anderen Seite.

Anna packt den Schürhaken mit beiden Händen. Die Decke vom Diwan gleitet auf den Fußboden.

Wenn der Herr Oberleutnant nun auftaucht, überlegt sie, was tue ich dann?

Tue ich überhaupt was?

Und wenn er nicht erscheint?

Wenn er einfach durch die zweite Türe verschwindet, hinausgeht in die Vollmondnacht, aus der er aufgetaucht ist?

Sie stellt sich diese Fragen hundertmal, tausendmal in diesen wenigen Sekunden. Die Fragen rasseln durch ihren Kopf, und sie merkt nicht, wie sie dabei vor Aufregung die Luft anhält und für einen kurzen Moment ihr Herz aussetzt. *Ungehorsam sein*, schreit es in ihr.

Plötzlich bewegt sich der Vorhang, eine runzlige Hand mit gelben Fingern schiebt ihn zur Seite, und er steht vor ihr, eingehüllt in seinen alten, stinkenden Mantel, zitternd auf seinen Stock gestützt, und sein Atem, der eine eklige Mischung aus Schnaps und Zigaretten und fauligen Zähnen ausstößt, weht ihr direkt ins Gesicht. Aber das ist nicht schlimm. Dieser Geruch kann beseitigt werden, wenn man die Fenster aufmacht und ordentlich durchlüftet, sogar im Schlafzimmer. Das kann alles wieder in Ordnung gebracht werden.

Auch die Hand ist nicht schlimm, die in den Vorhang greift und sich dort festhält. Was wirklich schlimm ist und was in Anna eine ihr unbekannte Wut hochsteigen lässt, ist etwas ganz anderes: Der Herr Winter hält ein kleines Heft zwischen den gelben Fingern. Die Rabattmarken vom *Kupsch*.

Ihr Heiligtum.

Ihre letzte, wirklich allerletzte Reserve.

53 Mark und 37 Pfennige hat sie in all den Jahren schon gesammelt und ins Heft geklebt, und wenn die Rente am Monatsende verspätet eintreffen sollte, wenn der Winter sehr lange dauern sollte und die Kohlen nicht reichen, um es in der Wohnstube erträglich warm zu machen, dann hat sie noch immer die Rabattmarken vom *Kupsch* und kann sie an der Kasse einlösen. Das ist wie Bargeld. Ihr ganz persönliches Sparbuch.

Er will ihr das nehmen. Für Schnaps verwenden. Versaufen. Verrauchen.

Vielleicht ist es ein Reflex, der sie die Arme mit dem Schürhaken nach oben reißen lässt, vielleicht steuern und unterstützen sie auch die Heiligen, die sie zu Hilfe gerufen hat, denn so viel Kraft und Geschwindigkeit hat sie in ihrem Alter nicht mehr. Es gibt Tage, da bringt sie kaum das Nachthemd über den Kopf, weil ihr die Schultern so schmerzen, und alles geht nur noch wie in Zeitlupe.

In diesem Moment ist alles anders. Erinnerungen an die Flucht aus der Tschechoslowakei rauschen in Sekundenbruchteilen durch ihren Kopf. Das verschimmelte Brot, das man ihr und ihrer kleinen Tochter als Nahrung gereicht hat und wofür sie sich auch noch bedanken musste, indem sie dem dicken Bauern zu Diensten war; die immer wieder auftauchenden Tiefflieger, vor denen sie sich in den Graben warf, um nicht von ihren Gewehrsalven getroffen zu werden; ihre eigenen Eltern blickten sie mit vor Entsetzen geweiteten Augen an, als sie auf der Flucht von ihr getrennt wurden: *Mitkommen.* Einen Grund hat sie nie erfahren. Sie waren plötzlich weg. Mutter. Vater. Am Arm gepackt von Militärs, sie wusste nicht einmal, zu welcher Seite sie gehörten. Ein Gewehrkolben hat den Vater an der Schulter getroffen, das war das Letzte, was sie von ihm gesehen hat. Dann drehte sie sich nicht mehr nach ihm um, nahm Gerda am Handgelenk und taumelte mit ihr diese namenlose Straße entlang, an deren Seiten nichts mehr stand: kein Haus, kein Baum, nur Trümmer.

Vielleicht ist es dieses letzte Bild von ihrem Vater, wie der Gewehrkolben eines Uniformierten in seine Schulter einschlägt und er vorwärts taumelt. Ein winziger Tropfen fällt in ein Fass in ihrem Kopf und bringt es zum Überlaufen.

Der Schürhaken trifft den Oberleutnant genau richtig. Wuchtig saust er auf seinen Schädel hinab, ein paar Zentimeter oberhalb seiner grauen Augen, in die blanke, von tausend Falten durchzogene Stirn, und die lange, gebogene, eiserne Spitze bohrt sich tief hinein in all die unsäglichen Gedanken, in seinen Suff und in seinen Jähzorn und beendet mit diesem einzigen Schlag auch seine Schmerzen der nie heilenden Wunde im Rücken.

Er fällt nicht gleich. Er steht nur da, ein ungläubiges Staunen im Gesicht, der Mund öffnet sich, als wollte er noch etwas sagen. Dann kippt er einfach nach vorne, wie ein Baum, bei dem sämtliche Wurzeln gleichzeitig gekappt wurden.

Oh, du mein gütiger Heiland ...

Oh, du mein gütiger Heiland ...

Sie weiß nicht wirklich, was sie da stammelt.

Der Satz entfährt einfach so ihrem Mund, sie sagt ihn ein Dutzend Mal, und auch das ist nicht genug. Dann setzt sie sich auf den Diwan und schaut hinunter auf den Herrn Winter, wie er da zu ihren Füßen liegt und sich nicht mehr rührt.

Oh, du mein gütiger Heiland ...

Irgendwann breitet sie die Decke vom Diwan über ihm aus, bedeckt auch seinen Kopf und seine Füße, bis nichts mehr von ihm zu sehen ist. Den Schürhaken stellt sie an seinen alten Platz neben dem Ofen, und dort steht er dann, als sei nichts geschehen.

Oh, du mein gütiger Heiland ...

Ihr fällt nichts anderes ein. Es ist, als seien all ihre Gedanken ausgelöscht. Und so sitzt sie die ganze Nacht über auf dem Diwan, rührt sich nicht, obwohl sie zu frösteln beginnt, und erst als draußen die erste Dämmerung einsetzt und den Hinterhof in ein mildes Morgenlicht taucht, erwacht Anna Franziska Gertrude Leopoldine Schmiedel aus ihrer Starre.

Oh, du mein gütiger Heiland ...

Sie wagt es nicht, über den Herrn Theodor Winter hinwegzusteigen, und so geht sie hinaus in den Flur und betritt durch die zweite Tür ihr Schlafgemach. Sie schiebt sich das Gebiss in den Mund und zieht sich an, die besten Sachen, die sie noch hat, die Strumpfhosen ohne Löcher, dazu zwei Röcke übereinander, denn draußen ist es kalt, und sie weiß nicht, wie lange sie wegbleiben wird. Aus dem Schrank nimmt sie den Mantel und einen dunklen Hut, dazu ein Halstuch und selbst gestrickte Fäustlinge. Als Letztes steckt sie den Rosenkranz in ihre Handtasche.

Sie greift nach dem Stock neben der Haustüre, und unter ihren Schuhen knirscht das Glas. Sorgfältig versperrt sie die Tür von außen, obwohl das wegen der fehlenden Glasscheibe keinen Sinn ergibt, aber Ordnung muss sein.

Von der Stadtkirche läutet es acht Uhr, als sie sich die Hauswände der Kaplaneigasse in Richtung der Ritterkapelle entlangtastet. Links der Stock, rechts die Hauswände. Das macht sie seit Jahren so. Immer wieder bleibt sie stehen und verschnauft.

Oh, du mein gütiger Heiland …

Auf einmal geht es ihr nicht mehr schnell genug. Sie muss zur Ritterkapelle, zur Ritterkapelle, zur Ritterkapelle, obwohl sie sich nicht sicher ist, ob sie es bis dorthin schafft. Ein vages Gefühl macht sich in ihr breit. Aber sie muss dorthin, sie muss zur Ritterkapelle, die der Heiligen Jungfrau Maria geweiht ist. Und wenn sie es nicht mehr schafft, muss sie zur Stadtkirche am Marktplatz. *St. Kilian, ich komme. Ich komme! Ich komme!* Die Gedanken an diesen Weg, der vor ihr liegt, lassen keinen Platz für etwas anderes.

Und so beginnt sie zu laufen, schneller und schneller, obwohl es nicht schneller geht. Der Stock in ihrer Hand stochert hektisch zwischen dem Kopfsteinpflaster herum und sucht nach einem sicheren Halt, doch sie kommt kaum einen Meter voran. Sie zählt jeden Stein in der Kaplaneigasse, und da gibt es viele, der eine groß, der andere klein, waagrecht und senkrecht verlegt, als hätten die Straßenbauer in dieser Gasse üben müssen, wie es richtig geht.

Das Kopfsteinpflaster scheint sich endlos in die Länge zu dehnen, obwohl die Gasse kaum dreihundert Meter lang ist.

Die werden nicht weniger, schießt es ihr durch den Kopf. Warum werden denn die Steine nicht weniger?

Oh, du mein gütiger Heiland …

Etwas Schweres legt sich auf ihre Brust, das kennt sie nicht. Eine zentnerschwere Beklemmung, die ihr die Luft zum Atmen nimmt. Es wird die Schuld sein, die sie auf sich geladen hat, als sie den Schürhaken auf den armen Oberleutnant hat niederkrachen lassen, denkt sie. Ihr Ungehorsam. Sie muss das beichten und büßen, und so bleibt sie stehen und kramt in der Handtasche nach dem Rosenkranz; sie sucht und sucht und findet das wertvolle Stück endlich in einem anderen Fach, wo sie es sonst nicht aufbewahrt, und als sie die erste Perle endlich zwischen den Fingern hält und zum Gebet ansetzen will, holt sie noch einmal tief Luft, obwohl in ihre Lunge keine Luft mehr hineinpasst, weil da alles voll ist und drückt und sich auf ihr Herz legt, und doch flüstert sie kaum hörbar ihre letzten Worte, quetscht diese mit einem schmerzenden Röcheln zwischen den Lippen hervor:

Oh, du mein gütiger …

Dann sackt sie in sich zusammen, der Stock fällt zur Seite. Ihre kurzen Beine verdrehen sich merkwürdig unnatürlich, eigentlich müsste es entsetzlich schmerzen, aber es schmerzt nicht mehr.

Tessa Korber

Letzter Zug

Kitzingen

Der Bahnhof sagte ihm nichts. Damals war er immer mit dem Wagen gekommen. Drei Gleise, ein leer stehendes Gebäude, inzwischen nicht mehr das Ziel der Menschen, die aus den Zügen stiegen, sondern ein Hindernis, das umgangen werden musste. Er folgte den anderen Reisenden, die sich einen Pfad um den Sandsteinbau bahnten, doch fiel er bald zurück. Da war ein Parkplatz, links ging es irgendwo zum Gericht, das wusste er noch; er hatte mit dem Staatsanwalt mehr als einen Termin gehabt. Aber damals war er immer von der anderen Seite her gekommen, von der Kaltensondheimer Straße. Das *Kalt* im Namen hatte er als besonders passend empfunden, obwohl es ein heißer August gewesen war und weder die Straße noch der Ort irgendetwas dafürkonnten, dass er dort das innerliche Frieren gelernt hatte.

Rechts von ihm öffnete sich ein formloser Vorplatz, vereinzelt mit Pflasterung, die wie Grind zwischen dem Asphalt lag. Busse dröhnten, dazwischen Autos, die warteten – auf Reisende, die hier zu Hause waren. Er setzte die Tasche ab.

»Herr Eichhorn? Herr Kommissar Eichhorn?«

Er wandte sich der Stimme zu. Lange betrachtete er das dazugehörige Gesicht. Älter, als er erwartet hatte, müder. Nicht wie im Internet, wo das Porträt auf der Website Idealismus aus jeder Pore ausgeschwitzt hatte. Ein dunkles, aber legeres Jackett, dazu Jeans und ein abgetragenes Lächeln. »Der Mann von ›Letzte Wünsche‹?«, fragte Emil Eichhorn.

»Entschuldigen Sie, mir fällt im Moment Ihr Name nicht ein.«

»Finster. Jakob Finster.« Er lachte und machte eine Pause, als wartete er darauf, dass Eichhorn den unvermeidlichen Witz über seinen Namen machte.

Aber der Kommissar sagte nichts.

»Na, kommen Sie, ich nehme Ihre Tasche.« Finster sah sich um. »Ich hätte nicht erwartet, dass Sie alleine kommen.«

»Dass ich noch so gut auf den Beinen bin, meinen Sie.«

Finster lachte erneut. »Nichts für ungut. Aber die meisten unserer Klienten sind bettlägerig. Sie kommen in Spezialtransporten, mit Rollstühlen oder auf Tragen. Hier lang, bitte.« Er führte Eichhorn an einen Wagen und kramte dabei in seiner Jacketttasche nach den Schlüsseln.

Eichhorn schaute ihm gelassen zu. »Keine Sorge, ich sterbe bald.«

»So habe ich das nicht gemeint.« Finster fand den Schlüssel. »Bitte, steigen Sie ein.«

An den leicht getönten Fenstern zogen Häuser vorbei, die Eichhorn kannte. Freunde der Familie des Opfers hatten hier gelebt. Ein Ehepaar, das an dem Nachmittag dabei gewesen war. Eichhorn hatte das Paar zu Hause aufgesucht, immer wieder. Es hatte zunehmend länger gedauert, bis die Tür sich für ihn öffnete. Als dann der Mann unter Verdacht geraten war, hatten sie Haustürbefragungen der Nachbarn durchgeführt. Zum Kommen und Gehen. Zum Leumund. Alle Häuser der Straße besaßen saubere Jahrhundertwendefassaden, schön renoviert, gediegen, zurückhaltend. Nicht zu ermessen, was sie damals hier für Verwüstungen zurückgelassen hatten. Soweit er wusste, waren die Leute weggezogen. Eichhorn lehnte sich zurück. Die stilvoll weiß und gelb getünchten Mauern gaben ihr wohlgeschütztes Innenleben auch heute nicht preis.

Als Nächstes erschien der mittelalterliche Turm vor ihnen, der in allen Reiseprospekten abgebildet war, rund, massiv und dunkel. Einer dieser Prospekte hatte in seinem Hotelzimmer auf dem Nachttisch gelegen, damals, und er hatte ihn abends manchmal blicklos angestarrt, um mit einem Bild im Kopf schlafen zu gehen, das nicht voller Blut war.

Einen Moment schwiegen sie. Die Ampel stand auf Rot, dann auf Grün, der Wagen glitt nach links. Der Schmerz kam unangekündigt, wie jedes Mal, ein Stechen, ein Krampf, der erst den Bauch erfasste, dass er sich krümmte, dann seine Lungen, sein Herz. Alles wurde wie von einer Faust zusammengepresst. Es gab kein Halten, keinen Schutz. Er würde sterben. Eichhorn stöhnte unwillkürlich und streckte tastend eine Hand aus, auf der Suche nach Halt. Er glitt an der gewölbten Oberfläche des Handschuhfachs ab.

»Wollen wir wirklich ins Büro fahren?«, erkundigte Finster sich besorgt. »Möchten Sie sich nicht zuerst ausruhen? Ich habe reserviert im *Fränkischen Hof*, wie Sie es wünschten.«

Im *Fränkischen Hof* hatte Eichhorn damals ein- oder zweimal zu Mittag gegessen. Er erinnerte sich an einsame Mahlzeiten, langsames Kauen, an das Starren auf den Tisch, den vergeblichen Versuch, eine halbe Stunde an etwas anderes zu denken. Nicht einmal der Anblick der grünen Insel des Königsplatzes mit seiner roten Säule hatte ihn entspannt. Er erinnerte sich, dass er die Bedienung gefragt hatte, was das für ein Baum wäre, der große dort draußen. Und er wusste noch, dass sie geantwortet hatte: »Eine schlitzblättrige Buche.« An ihr Gesicht konnte er sich nicht erinnern. Vermutlich war sie hübsch gewesen, und er hatte gefragt, um mit ihr ins Gespräch zu kommen. Doch alles, was geblieben war, war der seltsame Klang dieser Worte. *Schlitzblättrige Buche.*

»Wie bitte?«, fragte Finster neben ihm.

Hatte er das etwa wirklich gesagt? Fing er jetzt an, laut zu denken? Er musste aufpassen. Und atmen, er musste atmen. Etwas fokussieren und atmen. Das war alles, was er noch tun konnte. Die Schmerzen würden nicht mehr weggehen, sie waren gekommen, um zu bleiben. Am Ende würden sie ihn fressen. Der Friedhof zog vorbei. Einer der Bäume davor war tot. In den Stamm hatte jemand ein Regal mit Glastür gebaut. Für Bücher. Eichhorn fokussierte es. Er atmete. Das Baumregal sah aus, als würde es kleine Geheimnisse bergen.

»Wollen Sie denn nun ins Hotel?«

Eichhorn schüttelte den Kopf. »Büro«, antwortete er knapp. Der Schmerz war hartnäckig, rollte Woge um Woge an. Wie immer im unpassendsten Moment. Aber wann kam Schmerz schon gelegen? Er griff in seine Tasche und holte den Tablettenspender heraus, checkte die Stundeneinteilung. Andere hatten so etwas für Tage. Über Tage war er hinaus. Er war zu früh dran, sah er, musste noch aushalten. Er griff in seine Jackentasche und betastete den Blister. Es war gut, ihn zu haben. Aber wenn er eine von diesen nähme, dann würde es schwieriger werden, sich zu artikulieren. Sich zu erinnern. Er fuhr mit der Fingerkuppe die Ränder ab, knipste ein wenig an der Folie, zog die Hand zurück.

Finster warf ihm einen Seitenblick zu. »Haben Sie Opiumpflaster versucht?«, fragte er, ganz der Fachmann.

Eichhorn brummte: »Verdauungsprobleme. Wir haben umgestellt.« Er setzte sich aufrecht hin und zog seine Jacke glatt. »Ich hab es mir überlegt. Fahren Sie bitte in die Innenstadt.« Er wusste selbst nicht, woher der Impuls kam. »Zur Johannes-Kirche.«

Ohne Widerrede setzte Finster den Blinker und bog rechts ab. Vielleicht war er es gewohnt, dass seine Klienten in Kirchen strebten.

In den engen Straßen der Altstadt kamen sie nur stockend voran. Sie umkurvten den Königsplatz, fuhren auf die Stadtkirche zu, bogen rechts ein in die Schrannenstraße und kämpften sich durch den Einkaufsverkehr. »Kann sein, dass wir bei der Synagoge einen Parkplatz finden.« Eichhorn sah den spielzeugbunten Bau im orientalisierenden Stil näher gleiten, sah die Polizeistation, wo man ihnen damals einen Raum für die Sonderkommission gegeben hatte. Vielleicht arbeiteten ein paar von den Beamten immer noch dort, die ihm damals zugeteilt worden waren und den Wald und die Wiesen abgesucht hatten. Die an der Kaltensondheimer Straße entlanggegangen waren und allen Nachbarn das Foto des Jungen gezeigt hatten. Ihre kleine Stadt hatte meist nur Verkehrsdelikte zu bieten gehabt und die üblichen Schlägereien. Ein Kind, totgeschlagen, regelrecht zu Brei getrampelt, aus heiterem Himmel am Rande eines Grillfestes: Das hier war neu für sie gewesen, man hatte es den Männern angesehen.

»So«, sagte Finster, nachdem er den Wagen in eine Parklücke manövriert und ein Schild mit der Aufschrift »Arzt im Einsatz« hervorgeholt hatte. Er zwinkerte. »Eines der Privilegien, die unsere Organisation genießt.«

Sie stiegen aus. Ein Stück gingen sie nebeneinander her, dann, unauffällig, wie nebenbei, bot Finster seinen Arm an. Der Kommissar hakte sich kommentarlos unter. Sein Gang wurde gleichmäßiger. Als sie endlich den Kirchplatz von St. Johannes erreichten, zitterten seine Knie. Aber hier hatte er sein wollen: an diesem Ort, eng umbaut von der Kirche und den alten Häusern, zu Füßen der Brunnenskulptur, die eine orientalische Stadt zeigte, naiv und doch schön, wie von einem Kind erdacht. Als sein Begleiter ihn sacht weiterlenken wollte, löste er sich und steuerte eine Bank an.

»Was ...?«, wollte Finster nach einer Weile wissen. Aber Eichhorn winkte ab. Was er hier wollte? Was das mit seinem Anliegen in Kitzingen zu tun hatte? Gar nichts. Er war seinerzeit nach einem seiner einsamen Mittagessen hier gelandet. Er hatte eigentlich zum Main gewollt, an einen der sauberen Kais, sich auf den massiven Stein setzen und die Füße, wenn schon nicht ins Wasser tauchen, dann wenigstens über der Wasserfläche baumeln lassen wollen. Er hatte sich Fische vorgestellt, dunkle Schatten im grünen Wasser, und Algenbärte, die sich träge im Strom bewegten. Aber er hatte sich verlaufen. Oder war in Gedanken gewesen, hatte einmal zu oft »schlitzblättrige Buche« vor sich hin gemurmelt, und war hier gelandet, in diesem wasserlosen und himmelarmen Steingeviert, von Gebäuden umstellt. Fast bedrängt war der Platz, die Kirche hineingezwängt in all das, mit den kleinen Wohnhäusern Schulter an Schulter, mittelalterliche Enge. Ohne es zu wissen, hatte er gespürt, dass das hier ein sehr alter Ort sein musste, dass hier schon lange Menschen ihr Leben lebten. Migrantenkinder fegten über den Platz, damals wie heute, laut wie eine Schar Spatzen. Sie spielten Ball. Sie rannten, lachten, lebten. Es war nicht ruhig hier, trotzdem war er damals hier zur Ruhe gekommen. Und es gelang ihm auch heute. Nichts hatte sich geändert. Nur der verschossene Ball lag nicht mehr oben auf dem Denkmal. Da hatte er ihn liegen sehen und sich gedacht: Ich sollte ihn herunterholen und den Kindern zurückgeben. Warum hatte er es nicht getan? In Kitzingen war so vieles unerledigt geblieben.

»*Das himmlische Jerusalem*«, sagte Finster, als er die Richtung von Eichhorns Blick bemerkte. »So heißt die Brunnenskulptur, glaube ich.«

Eichhorn nickte. Er kannte sie. Ihr Anblick hatte ihn seinerzeit glücklich gemacht, er wusste gar nicht, warum, wusste es auch heute nicht und dachte sich bei ihrem Anblick erneut: wie schön. Nichts weiter. Höchstens vielleicht, dass man den Künstler kennenlernen sollte, der so etwas geschaffen hatte. Aber dazu war es nun zu spät. Es war zu spät für beinahe alles.

Um sie herum tobten auch heute wieder Kinder, warfen ihnen Blicke zu, vergaßen sie dann. Der Mann, Finster, betrachtete seine gefalteten Finger. Vermutlich hatte er in seiner Ausbildung gelernt, dass man sich defensiv verhielt. Abwartete. Behutsam vorging, um zu erfahren, mit wem man es zu tun hatte und was von einem erwartet wurde. Der Sterbende war Kunde, also König. Fast musste Kommissar Eichhorn grinsen.

»Sie erinnern sich vielleicht nicht«, sagte er. »Damals waren Sie ein Kind. Aber hier hat es vor zweiundzwanzig Jahren einen Mord gegeben.«

»Hier?«, fragte Finster und machte eine vage Geste hin zu den Häusern, den dunkelhaarigen Kindern.

»Ein Kind. Aus einer eingesessenen Familie. Mittelschicht, wie man so sagt. Behütet, gute Familie, keine Probleme, keine Konflikte. Sie haben in einer Neubausiedlung gewohnt, draußen, in der Nähe des Tierheims.«

Finster erwiderte nichts. Er betrachtete weiter seine Hände, während Eichhorn fortfuhr.

Der Atem des Kommissars ging schwer, in seinem Bauch krampfte und wand sich der Tod. Aber er hätte das, was er zu sagen hatte, selbst auf dem Sterbebett noch aufsagen können. »Die Eltern hatten vier befreundete Ehepaare eingeladen. Sie selbst hatten zwei Kinder, dazu kamen noch einmal sieben Kinder der Gäste, eine ganz hübsche Horde.«

Finster lächelte pflichtschuldig und nickte.

»Sie waren zwischen fünf und fünfzehn Jahre alt und spielten den halben Tag lang draußen. Machen sie heute kaum noch. Sie liefen über die Wiesen, kletterten im nahen Wald auf Bäume, statteten dem Tierheim einen Besuch ab, eine quirlige Bande eben. Die Erwachsenen ließen es langsamer angehen. Es gab Bowle, man sonnte sich, unterhielt sich, heizte den Grill an, ohne Eile.« Eichhorn kannte solche endlosen Augustnachmittage, jeder kannte sie: der Geruch von gegrilltem Fleisch und Rauch, der kalte Rotling oder Silvaner im Glas, während man das Gesicht in die Sonne hielt, die entspannten Gespräche hier und dort, der feste Wille, es sich gut gehen zu lassen. Als er dort eingetroffen war, war nichts mehr davon übrig gewesen, nur Hektik, verkohltes Fleisch auf dem verwaisten Grill, leere Flaschen auf dem Rasen, Scham und Angst.

»Als das Fleisch so weit war«, fuhr er fort, »und man die Kinder zusammenrief, fehlte eines. Der jüngere Sohn des Gastgebers, Lukas. Lukas Laubitz.« Es fiel ihm doch immer noch schwer, den Namen auszusprechen. Als sie den Körper Stunden später gefunden hatten, war es zu schmerzhaft gewesen, sich klarzumachen, dass das nicht irgendwelche Reste waren, blutiger Abfall, sondern ein Wesen mit einem Namen. Eines, das ihn lange begleiten würde. »Lukas war zehn Jahre alt.« Eichhorn atmete. Der Schmerz kam wieder, diesmal von überall. »Lukas war gut in der Schule und wäre im Herbst auf das Gymnasium gekommen. Er mochte Tiere, Katzen vor allem. Er spielte gerne für sich und war ganz verrückt nach Pokemon-Karten. Sagte seine Mutter.« Eichhorn machte eine Pause, um zu atmen und sich an die Frau zu erinnern. Frau Laubitz arbeitete inzwischen in einer Würzburger OBI-Filiale. Ihr Mann hatte es nicht durchgestanden, den Verlust, die offenen Fragen, die Selbstvorwürfe. Er war Alkoholiker geworden, arbeitslos, das Haus der Familie war sieben Jahre nach jenem Augusttag zwangsversteigert worden. Nach zwei Schlaganfällen kam er ins Heim. Eichhorn war auf seiner Beerdigung gewesen. Aber die Frau war noch da. Nicht viel von ihr, das konnte er sehen, jedes Mal, wenn er den Umweg machte, um in genau dieser Filiale ein paar Schrauben zu kaufen. Sie war wie erloschen. Er hatte gehört, dass sie ein Zimmer in einem Wohnblock ganz in der Nähe des Gewerbegebietes hatte. Manchmal stellte er sich vor, dass sie dort in der Küche saß und vor sich hin starrte. Ob sie noch das Wandbild hatte? Er hatte ihr damals davon abgeraten. Aber sie hatte es sich nicht nehmen lassen und ein großes Plakat an ihre Esszimmerwand gepinnt. Alle, die bei der Grillfeier dabei waren, waren dort aufgelistet. Und Stunde um Stunde ihr jeweiliger Aufenthaltsort vermerkt. Keine leichte Sache, herauszufinden, wer im Laufe eines solchen Tages wann wo gewesen war: zu viele Menschen, zu viele widersprüchliche Aussagen, zu viele falsche Erinnerungen. Und alle, alle hatten sie getrunken und nichts Böses gedacht. Alle bis auf den einen, der sich kurz davongemacht hatte, um das Kind zu töten. Aber wer war es gewesen? Das Plakat wollte und wollte die Antwort nicht herausgeben.

In seinem Büro hatte Eichhorn lange Zeit das Gegenstück dazu aufbewahrt. Es war ein Albtraum gewesen. Acht erwachsene Menschen, und man hatte es nicht geschafft, zweifelsfrei zu klären, wo sie sich an jenem Tag jeweils aufgehalten hatten. Man hätte darüber verzweifeln können. Die Frau jedenfalls war verzweifelt. Sie war dann ein halbes Jahr in der Psychiatrie gewesen, jetzt fiel es Eichhorn wieder ein. Sicher hatte man ihr daraufhin das Plakat weggenommen.

»Sie haben damals die Untersuchungen geführt?«, erkundigte sich Finster behutsam.

»Es war mein erster Fall. Und gleich den konnte ich nicht lösen.« Er schnaubte durch die Nase, die bittere Version eines Auflachens.

»Ist es das, was Sie wollen?« Finster hob den Kopf und schaute ihn jetzt voll an. »Ihren Fall lösen, ehe Sie ...?«

Eichhorn nickte.

»Puh, ich muss schon sagen.« Jetzt war Finster derjenige, der schwer atmete. Doch vorerst sagte er nichts. Dann setzte er erneut an. »Verstehen Sie mich bitte nicht falsch, Herr Eichhorn. Aber ich bin mir nicht sicher, ob unsere Organisation der richtige Ansprechpartner ist.«

»Sie erfüllen letzte Wünsche. Steht in Ihrem Prospekt.«

»Richtig, richtig.« Finster öffnete den obersten Knopf seines Hemdes. »Wir begleiten krebskranke Kinder in Vergnügungsparks. Wir helfen sehr, sehr schwer kranken und behinderten Menschen, letzte Reisen anzutreten, um Orte oder Menschen noch einmal zu sehen, ehe sie abtreten. Dabei kümmern wir uns vor allem um das Organisatorische und die medizinische Betreuung. Aber in Ihrem Fall, ich will ganz offen sein, Herr Eichhorn: Wir sind kein Detektivbüro. Ich meine ...«

»Sie meinen, Ihnen geht der Arsch auf Grundeis bei dem Gedanken, einen Mörder ins Kreuzverhör zu nehmen, ist es das?« Der Kommissar bemühte sich, es humorvoll klingen zu lassen. Es kostete ihn viel Kraft. Humor war ein Gefühl, und Gefühle forderten Energie, davon hatte er nicht mehr viel. Er musste nur noch einige wenige Schritte gehen vor seinem Tod. Auf die musste er sich ganz und gar konzentrieren. Aber er brauchte den anderen dazu, alleine ging es nicht. Also musste er sich auf ihn einlassen.

»Wenn Sie es so formulieren möchten.« Finsters Gesicht spiegelte das angedeutete Lächeln, das Eichhorn sich abgerungen hatte. Doch seine Augen blieben traurig. »Ich bin kein mutiger Mensch«, sagte er. »Ich meine, ich bin niemand, der Konfrontationen sucht.«

»Sie halten die Gegenwart des Schmerzes und der Angst von Sterbenden aus. Andere sähen da gerne weg. Vielleicht sehen Sie sich ja falsch«, wandte Eichhorn ein.

»Vielleicht«, murmelte Finster. Überraschend fuhr er nach einem Moment fort: »Seltsamerweise war es für mich nie eine Frage, dass man beim Sterben nicht wegsehen darf. Der Tod hat mir nie Angst gemacht. Da war das Mutigsein einfach für mich.« Und er fügte hinzu, als wäre es ihm eben eingefallen: »Und ich bin jemand, der sich gerne an die Regeln hält. War ich immer schon. Langweilig, ich weiß.«

»So einer, der nie bei Rot über die Straße geht, auch wenn kein Auto kommt.«

»Sie machen sich lustig.« Finsters Gesicht rötete sich. Er sah jetzt nicht mehr so müde aus, nicht mehr so zurückhaltend und passiv.

Dem Kommissar gefiel, was er sah. Am Bahnhof hätte man Finster auf Mitte fünfzig schätzen können, Bankangestellter. Jetzt sah er wie dreißig aus. Empfindsam. Möglicherweise barg seine Vita Überraschungen: zur See gefahren, auf einer Südseeinsel gelebt, Kunst studiert, so etwas. Ehe er sich im biederen Deutschland in einer Sozialpädagogenexistenz eingerichtet hat. Immerhin konnte man ein wenig davon ahnen. Er war noch immer schlank, ohne Wohlstandsfett, die Locken frei von Grau.

Vermutlich waren es diese Locken, die Eichhorn am meisten berührten. Sie ließen den Jungen erahnen, der Finster einmal gewesen war, einen Jungen, der Tiere mochte und mit Pokemon-Karten spielte. Er war nur wenig älter, als Lukas es heute wäre. Eichhorn hingegen war so alt, dass sogar das Kind in ihm gestorben war. Wenn er an die Sommer seiner Lausbubenzeit zurückdachte, sah er nichts. Nein, das stimmte nicht: Er sah die Bilder von Lukas, der über die Wiesen lief und auf Bäume stieg, Lukas, der sich hinhockte, um einen Frosch zu betrachten, Lukas, der den Kopf hob und blinzelte, als der Schatten von jemandem über ihn fiel, der seinen Namen sagte. Erinnerungen, die zu Eichhorns eigenen geworden waren. Erst der Tod würde sie ihm wieder aus dem Fleisch schneiden.

Er stöhnte laut und griff sich an den Leib. Es war Zeit für den Blister. Seine Hand zitterte so, dass er ihn fallen ließ, als er ihn aus seiner Tasche zog. Beinahe wäre er von der Bank gerutscht. Finster war unverzüglich in seinem Element. Mit einem professionellen Griff hielt er Eichhorn fest und hievte ihn in eine stabile Sitzposition. Dann hob er die Verpackung auf, las kurz die Aufschrift, drückte eine Pille heraus und gab sie ihm in die offene Hand. Schließlich holte er eine kleine Wasserflasche hervor. »Runterspülen«, kommandierte er freundlich.

Eichhorn gehorchte mit geschlossenen Augen. Als er sie wieder öffnete, hatten die Kinder aufgehört zu spielen.

»Wir sollten gehen. Können Sie stehen?«

»Gleich kann ich wieder tanzen.« Eichhorn versuchte nicht, es zu beweisen. »Ich will was trinken.«

»Sie gehören ins Bett.«

»Ich gehöre in einen Sarg.« Er wehrte alle Versuche ab, ihn ins Hotel zu verfrachten. »Bringen Sie mich an einen schönen Ort. Wo es Wein gibt.«

»Aber.«

»Das ist mein professioneller letzter Wunsch als Ihr Kunde. Also?«

Finster gab auf, legte sich Eichhorns Arm aber nun um die Schulter, um ihn jederzeit halten zu können, falls er wegsackte.

»Danke«, murmelte der Kommissar.

»Keine Ursache.« Finster schwitzte.

»Wo gehen wir hin?« Eichhorn sah nur noch innerhalb eines engen Kreises, dessen Ränder unangenehm flirrten. Jenseits davon war alles ins Wabern geraten: sein Körper, die Welt. Er kämpfte darum, festen Boden zu spüren, die Dinge wieder in den Griff zu bekommen. »Ich wollte mich nicht über Sie lustig machen«, sagte er. »Vorhin. Es war mir ernst. Niemand hält sich immer an die Regeln. Das ist meine Erfahrung als Polizist. Niemand. Auch die Polizei nicht. Wir alle tun, wozu es uns drängt. Manche mehr, andere weniger.«

»Ist das der Teil, in dem Sie mich dazu überreden wollen, bei jemandem einzubrechen, um Beweismittel zu entwenden? Hier links und Vorsicht.«

»Wo gehen wir hin?«

»Auf die alte Mainbrücke. Da gibt es heute Wein. Man kann im Freien an Tischen sitzen und auf das Wasser schauen.«

Die kleinen schwarzen Fische, ungreifbare Schemen nur. Die Algenbärte, die sich versonnen wiegten. Der Main. Nun würde er den alten Fluss doch noch zu sehen bekommen.

»Sie können Gedanken lesen.«

Als er endlich auf einem der Stühle hockte, stieß er noch das Wort »Silvaner« aus, ehe er dem wabernden Dunkel gestattete, ihn ganz zu überfluten. Er sank bis auf den Grund, sah nichts mehr, nur Geräusche erreichten ihn noch, aber er war nicht sicher, ob sie aus der Vergangenheit oder aus der Gegenwart stammten. Er spürte, dass jemand seine Hand nahm und sie um etwas Kaltes schloss. Ein Glas. Er spürte Wülste unter seinen Fingern und wusste, sie waren aus grünem Glas. Ein Römer. Er fuhr die Ringe hinauf und zählte elf, fuhr sie wieder hinunter und zählte zwölf. Ein Mysterium, er wiederholte die Probe, kam auf elf, kam auf zehn. Auf und ab fuhren seine Finger. Doch nie ging es auf. Die Realität ließ sich nicht überlisten. Der Kommissar verspürte das Bedürfnis zu weinen. Zu weinen wie die Frau in dem Zimmer hinter dem OBI-Markt. Die vielleicht die gleiche grüne Schwärze sah. Sie hatte Rosemarie geheißen. Rosemarie Laubitz. Damals hatten Frauen manchmal noch so geheißen. Wie sie ihn angeschaut hatte. »Das muss ein Fremder gewesen sein. Ein Wahnsinniger!« Nur er ermaß die Größe der Bitte, die in diesem Satz gelegen hatte.

»Herr Kommissar?« Jemand berührte ihn. Das Medikament begann zu wirken, und die Welt wurde wieder hell. Er machte sich daran, aufzutauchen, stieß sich vom Grund ab, spürte wachsende Wärme, sah die Nachmittagssonne, sah Gesichter, Sandstein. Um ihn herum eine laue Dünung von Gesprächen, hier und da Gelächter, allgemeine, gutartige Trunkenheit. Mit einem Mal fühlte er sich wohl, so wohl. Er spürte, er würde die Kraft für alles haben, was er tun musste. Er schaute Finster direkt ins Gesicht. Der wiederholte seine Frage. »Ihr Fall damals, ich glaube, ich habe etwas darüber gelesen. Hieß es nicht, dass es die Zufallstat eines Durchreisenden gewesen sein musste?«

Eichhorn nahm einen tiefen Schluck vom Silvaner. Es tat gut, den Alkohol zu schmecken, die Säure und die Kälte auf der Zunge zu spüren. Bekommen würde er ihm nicht. Aber das war jetzt gleichgültig. »Wie schön es hier ist.« Er ließ seinen Blick wandern, über die im Licht glitzernde Wasserfläche, den alten Stein, die schönen Häuser am Kai. Am gegenüberliegenden Ufer sah es grün aus. Ob da ein Park liege?

»Das Gartenschaugelände«, beantwortete Finster seine Frage. Dann wartete er.

Endlich erwiderte der Kommissar seinen Blick.

»Das mit dem Fremden, das war die Spekulation der Medien. Wir haben uns dazu nicht geäußert. Wir wollten den Täter in Sicherheit wiegen. Denn wir wussten immer, dass es einer der Gäste gewesen sein muss.«

»Der Gäste? Oh mein Gott.« Es war dem Gesicht des Sterbebegleiters anzusehen, dass er ermessen konnte, was das bedeutete. Einer der Freunde war kein Freund gewesen. »Sind Sie sicher?«

Eichhorn zuckte mit den Schultern. »Wir hatten Blut des Opfers im Haus gefunden. Und das, obwohl der Junge draußen getötet worden war, auf einer einsamen Wiese, ziemlich weit weg vom Haus. Nur der Täter kann das Blut mit ins Haus getragen haben. Als er sich wieder unter die anderen mischte. Wir haben das Faktum nie veröffentlicht, denn wir konnten keinem der Anwesenden etwas nachweisen. Wären wir damit an die Presse gegangen, wir hätten sie alle verurteilt, auch die Unschuldigen. Außerdem hofften wir, der Täter würde, wenn er sich in Sicherheit wiegt, vielleicht einen Fehler machen.«

»Und das wussten Sie all die Jahre, ohne dass ...« Finster schaute den Kommissar an.

Der winkte ab. »Für die Eltern war es schlimmer. Und auch für die, die unschuldig waren, schätze ich. Sie haben nie wieder miteinander gegrillt.«

»Ich könnte mir vorstellen, dass die meisten weggezogen sind.« Finster fuhr sich mit allen zehn Fingern durch die Haare. »Wenn mir so etwas passieren würde, ich würde nicht den Rest meines Lebens meinen Nachbarn ins Gesicht sehen und mich fragen müssen, was sie vielleicht getan haben.«

»Erstaunlicherweise blieben die meisten. Nicht die Eltern. Aber drei der Ehepaare.«

»Aha. Und mit einem von denen wollen Sie jetzt sprechen?« Finster neigte sich vor. »Haben Sie neue Beweise? Man liest ja ständig, dass sie alte Fälle doch noch lösen, weil sie die Spuren jetzt ganz anders auswerten können.«

»Ja, so ist es.« Eichhorn neigte den Kopf. Dann holte er aus seiner Tasche ein Tütchen aus Kunststoff heraus. Er legte es zwischen ihnen auf den Tisch. Der Inhalt war nicht leicht zu erkennen. Dunkelbraun, vielleicht Stoff, Spuren von Erde? »Haare«, sagte er. »Fragmente von Haaren. Der Gerichtsmediziner hat sie damals nicht als Fremdspur eingeordnet; sie hatten in etwa die Farbe der Haare des Opfers. Und es waren ohnehin nur ganz kleine Stücke. Damals hätte man daraus keine DNA gewinnen können. Nicht ohne die Wurzel, verstehen Sie?«

Finster nickte.

»Aber inzwischen gibt es in den USA ein Institut, das sich auf diese Dinge spezialisiert hat. Ich bin auf einem Kongress darauf gestoßen.« Eichhorn wurde kurzatmig und musste pausieren. Er winkte ab, um anzudeuten, dass er sich die

Details sparen würde. »Sie haben es schon geschafft festzustellen, dass das Haar nicht von dem Toten stammt. Von Lukas.« Er sprach den Namen noch einmal aus.

»Also ...« Finster vollendete den Satz nicht, sondern starrte nur auf das Tütchen.

»Genau. Es muss vom Mörder sein. Das Haarfragment war tief in einer der Wunden des Jungen. Da wäre es nicht von selbst hineingeweht.«

Finster wurde blass und nahm einen Schluck. »Und jetzt?«

»Vergleichs-DNA.« Eichhorn sparte weiterhin seinen knapper werdenden Atem. Der andere verstand ihn schon. »Die schicke ich dann zusammen mit der Probe hier ein. Und dann kann ich sterben.«

Finster schaute ihn an. »Sie müssen also an das Genmaterial von diesen drei Paaren herankommen? Wie macht man das?« Wie hypnotisiert starrte er das Tütchen an. »Ich meine, es ist nicht so, dass ich nicht fernsehe, ich weiß schon: Becher, aus denen sie getrunken haben und so. Man beschattet die Leute, bis sie was in einem Lokal essen oder trinken, und stellt dann das Glas sicher oder so. Aber ich sage es Ihnen noch einmal: Ich weiß nicht, ob ich die Nerven für so etwas habe.«

Eichhorn lächelte. »Wir brauchen nicht alle zu überprüfen«, sagte er. »Nur einen. Ich weiß, wer es war.«

Jetzt lag etwas Neues im Blick von Finster. Zum ersten Mal hatte der Kommissar das Gefühl, dass der andere ihn voll und ganz sah. Nicht nur das Wrack sah, das er heute war, sondern ihn, den Mann, den Jäger. Den Rächer. Er fühlte in sich etwas aufsteigen, etwas wie Kraft. Es war nicht viel, vielleicht war es nur eine Illusion. Wie eine zarte schwarze Blase, die ihn umhüllte, während er über dem

Feuersee seines Schmerzes schwebte, der für den Augenblick von den Tabletten gebändigt tief unter ihm fauchte.

»Sie wissen es schon?«

»Ich habe es immer gewusst.« Eichhorn schwieg und lauschte. Der Wind und der Fluss rauschten, aber es konnten auch die Flammen sein, die unter ihm brannten. Die Bedienung kam und fragte, ob sie die Karte wollten. Sie winkten ab. »Ich habe es gewusst«, wiederholte sein Echo, von sich selbst fortdriftend. Er sagte nicht, dass die anderen ihn für verrückt erklärt hatten, wann immer er mit seiner Theorie kam. Dass es ihn eine Beförderung und die Freundschaft zu seinem Partner gekostet hatte, der ihn für einen Besessenen hielt, einen Irren. Dass ihn dieser Fall seine Ehe gekostet hatte und selbst Rosemarie sich von ihm abgewandt hätte, wenn er ihr je auch nur ein Wort davon erzählt hätte. Seine Theorie, nein, sein Wissen, hatte sich in ihm eingenistet und abgekapselt, war bitter geworden und giftig, war gewachsen und hatte gewühlt und sich schließlich in den Krebs verwandelt, der ihn töten würde. Er wusste das. Er hieß es gut. Es musste nur zu Ende gebracht werden. Noch einmal holte er Atem.

»Der Junge ist totgetreten worden. Also muss das Blut, das wir in der Wohnung fanden, am Schuh des Täters gewesen sein. Wir haben die Schuhe aller Erwachsenen untersucht und nichts gefunden.«

»Dann stimmt Ihre Theorie nicht.«

»Wir haben die Schuhe der Kinder nicht untersucht.«

»Der Kinder?« Finsters Stimme kippte in die Höhe. Seine Augen waren jetzt weit aufgerissen. »Der Kinder? Aber das ist doch pervers.«

Das hatten Eichhorns Vorgesetzte auch gesagt. Deshalb hatte er heimlich ermittelt. Hatte ohne offizielle Genehmigung Schuhe an sich genommen. War erwischt worden, aus der Abteilung geflogen. Hatte sich geschämt vor Rosemarie, die ihn damals noch anrief, oft mehrmals die Woche. Manchmal hatte er im Hintergrund ihren Mann toben gehört. Er hatte es nicht übers Herz gebracht, sie in seinen Verdacht einzuweihen. Er war ihr letzter Halt. Dann hatte sie jeden Halt verloren, hatte aufgegeben und war nach Werneck gekommen. Danach hatte er nie mehr mit ihr gesprochen. Wenn er sie in ihrem Baumarkt besuchte, ging er stets an eine andere Kasse und sah von dort zu ihr hinüber. Es war besser so.

Finster war noch immer dabei, den Kopf zu schütteln. »Aber dann ...«, setzte er an und verstummte wieder.

Eichhorn sah, dass er rechnete. Ja, dachte er, rechne es dir aus: neun Kinder, eines tot, macht acht Verdächtige. Die fünfjährigen Zwillinge der einen Familie hatte er ausgeschlossen, ebenso die Mädchen der Nachbarn, acht und elf Jahre alt. Der fünfzehnjährige Sohn eines Kollegen des Vaters wäre der ideale Verdächtige gewesen, wenn er nicht als Einziger ein Alibi gehabt hätte: Er war im Tierheim geblieben, um dort beim Baden der Hunde zu helfen. Sie hatten ihn erst nach langem Suchen gefunden.

Dann gab es noch Amelie, die Lukas' beste Freundin in der Schule gewesen war. Eichhorn hatte sie nie eine Sekunde verdächtigt. Und Peter, Amelies Bruder. Er war wenige Jahre später bei einem Verkehrsunfall gestorben. Eichhorn hatte damals die Gelegenheit genutzt, noch einmal bei den Eltern vorzusprechen, die ihn hassten. Er hatte sich nicht darum geschert und Peters Tagebuch an sich gebracht. Alle seine Geheimnisse hatten darin gestanden, auch die schlimmen. Aber nicht der Hauch eines Geständnisses. Nein, Peter war nicht schuld an Lukas' Tod.

»Haben Sie nicht gesagt, dass der Tote einen Bruder hatte?«

»Lukas«, sagte Eichhorn. »Der Tote hatte einen Namen. Lukas. Sie sollten ihn verwenden. Sie sollten den Namen Ihres Bruders aussprechen, finden Sie nicht?« Er suchte den Blick des anderen. Jetzt, er musste ihn jetzt zwingen. Die schwarze, zarte Blase sank, seine Füße berührten schon das Feuer. Bald würde er ganz und gar in Flammen stehen, Asche, die der Wind wegblies. Er hatte nur noch wenige Momente. »Sie sollten alles aussprechen, Jakob.«

Finsters Gesicht sah leer aus. Er machte sich nicht die Mühe, Theater zu spielen. Eichhorn war erleichtert. Er konnte es sich sparen, sein Wissen auszubreiten. Jakob Laubitz war damals in Pflege gegeben worden, als die Mutter in die Anstalt kam und der Vater schon durch den ersten Schlaganfall gelähmt war. Er war ein stilles Kind, nicht auffällig. Aber als er achtzehn war, ging er nach Hamburg und heuerte auf einem Frachter an. Auf derart altmodische Weise verschwand er. Niemand fragte nach ihm, nicht einmal seine Mutter, die zwischen OBI und ihrem Zimmer hin und her wankte, kaum am Leben, nur zufällig nicht tot. Eichhorn hatte ihn nicht vergessen. Er führte eine Akte über Lukas' Bruder, seinen Mörder, heimlich und vor aller Welt verborgen. Und als die neuen Computerprogramme aufkamen, mit denen man Gesichter altern lassen konnte, um zu simulieren, wie lang vermisste Kinder nach Jahren wohl aussehen würden, da gab er das Bild von Jakob Laubitz wieder und wieder ein. Er wusste, er würde den Jungen erkennen, wenn er ihn jemals wiedersah. Er war auf den Anblick von Jakob Finster vorbereitet gewesen. Was er nicht geahnt hatte: dass er ihm aus dem Prospekt einer Organisation für Sterbebegleitung entgegenblicken würde. So wie er seinen eigenen Tod nicht vorausgeahnt hatte. Wie alle hatte er sich für unsterblich gehalten, bis die Diagnose gekommen war. Er hatte mit ihr gehadert. Als er jedoch Finsters Bild gesehen hatte, da hatte er gewusst, dass sein Tod einen Sinn hatte.

»Sie führen jetzt ihren zweiten Vornamen«, sagte Eichhorn. »Und woher kommt das Finster? Ist ja irgendwie passend.«

»Ich habe den Namen meiner Frau angenommen.«

»Sie haben eine Frau?«

»Nicht mehr; eigentlich waren wir kaum ein Jahr zusammen.«

»Aber den Namen haben Sie behalten.« Er betrachtete Jakob Finster, geborener Laubitz. Er hatte die gleichen braunen Locken wie der Tote. In jenem Sommer war er zwölf gewesen. Und dann stellte er die Frage, die er all die Jahre hatte stellen wollen, die Frage, die ihn umgetrieben und fast umgebracht hätte, die Frage, die ihn am Ende am Leben gehalten hatte: »Warum?«

»Ich war es nicht.«

Eichhorn wischte das weg. »Diese Wut, Jakob, diese unglaubliche Wut, die Sie beherrscht haben muss. Ich habe selten so etwas gesehen wie den Körper Ihres Bruders. Was war der Grund? Was hat er getan, dass Sie so wütend wurden?«

Die Stimme des Mannes kam wie vom Grund eines Gewässers. »Was wollen Sie von mir?«, fragte er. »Was wollen Sie hören? Einen Grund, der ausreicht? Einen, der alles rechtfertigt?« Er lachte unsicher und fuhr sich erneut durch die Haare. Das Gesicht hielt er gesenkt. Er starrte das Tütchen auf dem Tisch an. »Wäre eine begehrenswerte Pokemon-Karte für Sie ein ausreichender Grund? Nein? Für mich auch nicht. Aber was soll ich sagen?« Er machte eine freudlose Pause. »Wissen Sie, wie das ist? Wie das Leben ist, wenn man weiß, dass so etwas geschehen kann, einfach so? Wegen nichts?«

Eichhorn betrachtete ihn. »Ich schätze, man kriegt es mit der Angst«, sagte er langsam. »Oder? Man wird ein Feigling und hält die Füße still. Nicht mal bei Rot über die Ampel geht man mehr.«

Jetzt schaute Finster doch auf. »So in etwa. Ja. Ich wollte nicht, dass das je wieder passiert. Ich wollte ...«

»... dass ich Mitleid mit Ihnen habe? Vergessen Sie es.« Er bemerkte, dass Finsters Linke das Gelenk der Rechten fest umschlossen hielt. Die dicke Narbe, die sich über das Handgelenk zog, bemerkte er trotzdem. Na komm schon, dachte er, zeig sie mir, die Spuren deines Suizidversuchs, komm und gib vor mir an mit deinem Leiden. Damit ich dich schlagen kann.

»Das Schlimmste, das, was mir am meisten Angst gemacht hat, war, dass ich nicht das Geringste fühlte damals«, sagte Finster stattdessen. »Bis heute ist das so. Und die Angst davor, die frisst mich beinahe auf.« Er rieb sein Handgelenk, kaute an der Innenwand seiner Wange und hielt den Blick auf den Plastikbeutel geheftet. Es war nicht klar, ob er überhaupt mit Eichhorn sprach.

»Oh, dagegen gibt es ein probates Mittel«, sagte der Kommissar. »Es geht so: Man stellt sich, wird verhaftet, kommt vor Gericht und geht dann ins Gefängnis. Da kommen dann bei den meisten Gefühle auf.« Er erwiderte das trübe, zähnefletschende Grinsen, das Finster ihm schenkte. »Außerdem bezahlt man so seine Schulden gegenüber der Gesellschaft in der gängigen Währung. Das ist sehr gut für die Psychohygiene.«

»Ich hab bezahlt, glauben Sie mir. Sie wissen nichts von meinem Leben, gar nichts. All die Jahre hab ich immer nur …« In seiner Stimme schwang Qual mit. Aber Eichhorn war nicht gewillt, sich das anzuhören. »Erzählen Sie das Ihrer Mutter.« Finster zuckte zusammen wie unter einem Schlag. »Oder den anderen Leuten, die an dem Tag dabei waren und deren Leben Sie durch Ihr Schweigen zerstört haben.« Er streckte die Hand aus. »Und deshalb geben Sie mir jetzt eine von Ihren Locken.«

Finsters Kopf fuhr zurück. Im nächsten Moment hatte er das Tütchen gepackt und über die Steinbrüstung in den Main geworfen. Er schien selbst überrascht davon zu sein. Seine geweiteten Augen suchten Eichhorn. Dessen Gesicht blieb so ruhig, dass die Angst in Finster aufflackerte. »Das war eine Falle, oder?«

»In der Tüte waren nur Ketchup und etwas Thymian aus meiner Küche.«

»Keine DNA.« Finster überlegte fieberhaft. Sein Blick glitt jetzt über die Umsitzenden. Hatte der Kommissar Helfer mitgebracht? Würde er verhaftet werden?

Eichhorn klopfte sich auf die Brust. »Bin verkabelt. Mit Bildübertragung. Und die Szene, in der Sie das Tütchen warfen, ist ein Eins-A-Schuldeingeständnis, mein Lieber.« Er stand auf und zog seine Jacke glatt.

»Und krank sind Sie vermutlich auch nicht, was?«

Eichhorn lächelte nur leicht. Er bemühte sich mit aller Macht, nicht zu schwanken. Er atmete, er fokussierte. Seine Füße hatten den Feuersee berührt. Und lächelnd begrüßte er den Schmerz, der an ihm hinaufleckte. »Ich betrachte mich als eingeladen«, sagte er mit Blick auf den Silvaner. Sein Atem ging keuchend. Er spürte den Speichelfaden in seinem Mundwinkel. Mit zitternder Hand zückte er ein Taschentuch und drückte es gegen seine Lippen. »Wenn Sie doch noch ein Geständnis ablegen wollen«, stieß er hervor. »Das würde sich strafmindernd auswirken. Dann könnten Sie Ihre ganze Lebensgeschichte in die Waagschale werfen. Sie finden mich im *Fränkischen Hof*.«

Als er über die Brücke davonschritt, ging er so gerade, wie er konnte. In diesem Moment war er dankbar. Er hatte seinen Fall gelöst. Dank des Krebses hatte er dem Mörder in die Augen gesehen und sein Geständnis bekommen. Mehr als das, er besaß nun eine Ahnung von dem Warum und Wozu. Er konnte in Frieden sterben. Welch eine Ironie.

Er blieb stehen, wie gestoppt von der triumphalen, gelb und weiß leuchtenden Fassade der Stadtkirche. Kitzingen war noch immer voller Trubel. Aber ihn hatte nicht die Bewunderung für Architektur aufgehalten. Er hatte nur die Gestalt hinter sich bemerkt. Es hatte funktioniert: Sein letzter Schachzug war aufgegangen. Erleichtert lächelte der Kommissar. Oh ja, er würde sterben, sehr bald. Und es würde schnell gehen, vielleicht sogar ohne Schmerzen. Er hatte Finster richtig eingeschätzt: Sein ganzes Leben hatte er sich vor den Folgen seiner Tat versteckt; er würde jetzt nicht die Waffen strecken, nicht vor einem so angeschlagenen Gegner.

Eichhorn würde jetzt in sein Hotel gehen, auf sein Zimmer und das »Bitte nicht stören«-Schild hinaushängen wie eine Einladung. Dass es keine Aufnahme gab, keinen Mitschnitt seines Geständnisses, das würde Finster erst herausfinden, wenn es zu spät war: Er würde den Kommissar schon getötet haben. Wie Finster es wohl machen würde? Wenn er schlau wäre, ließe er es aussehen, als wäre Eichhorn dem Krebs erlegen. Ersticken mit dem Kissen, das Verabreichen eines Medikamentes. Etwas, das keine Spuren hinterließ.

Angesichts des fortgeschrittenen Stadiums seiner Krankheit würde wohl kaum eine Obduktion angesetzt.

Langsam ging er weiter, schön langsam, um den Schmerz zahm zu halten. Und damit Finster ihn nicht aus den Augen verlor. Da vorne stand sie: die schlitzblättrige Buche. Jetzt erinnerte er sich auch wieder an die Bedienung. Sie hatte ein wenig ausgesehen wie Rosemarie Laubitz, eine Brünette mit weicher, heller Haut und müden Augen. Der Gedanke ließ ihn innehalten. Er tat, als würde er gleichgültig in irgendein Schaufenster blicken. Rosemarie war die Einzige, der er die Wahrheit schuldete. Aber sie wollte diese Wahrheit nicht. Sie hatte sie schon damals nicht gewollt.

Er griff nach dem Blister, befühlte ihn mit den Fingern, ließ es bleiben. So würde es für Finster leichter sein. Er ging ins Hotel, auf sein Zimmer, fühlte, wie seine Kraft zerrann. Vielleicht würde er noch ein wenig den Fernseher anstellen. Warum nicht. Der Lärm überdeckte so vieles. Am Ende würde er nicht einmal hören, wie die Klinke heruntergedrückt wird. Und die Tür öffnet sich.

Veit Bronnenmeyer
Selbermachen in Miltenberg

Miltenberg

**Montag, 29. Mai, Marktplatz Schnatterloch
Miltenberg (vor dem Marktbrunnen)**

»Das ist doch sch...«, entfuhr es der Bürgermeisterin.

»Nein, das ist Scheißhauspapier.« Polizeiobermeisterin Dürr konnte es sich nicht verkneifen, während ihr Kollege Batz verzweifelt versuchte, ein Lachen zu unterdrücken.

»Wollen Sie jetzt hier eine Kabarettnummer draus machen?« Bürgermeisterin Thea Knoll war offensichtlich nicht nach Späßchen zumute.

»Aber nein, natürlich nicht«, beeilte sich die Beamtin zu versichern und bemühte sich sogar, so etwas wie Haltung anzunehmen. Der Kollege täuschte einen Hustenanfall vor.

»Dann tun Sie jetzt mal Ihre Pflicht und nehmen eine Anzeige auf ... oder was auch immer!« Knoll griff zu ihrem Handy.

»Ich weiß halt bloß nicht, weswegen ...«

Grund der ganzen Aufregung war der Marktbrunnen beziehungsweise dessen aktuelle Aufmachung. Über Nacht waren das Becken sowie die schmale Säule oberhalb der beiden Wasserrohre mit Toilettenpapier umwickelt worden. Sehr sorgfältig und nicht sparsam. Das Ganze sah nicht nach dem spontanen Spaß einer Junggesellenparty aus.

»Sachbeschädigung.« Die Bürgermeisterin steckte ihr Handy wieder in die Manteltasche.

»Da ist aber nichts beschädigt.« Batz fummelte an der neuen Brunnenverkleidung herum. »Das kann man doch einfach wieder wegmachen.«

»Dann eben unbefugte Nutzung von öffentlichem Raum.« Knoll sah sich etwas nervös um. Es konnte nicht mehr lange dauern, bis die ersten Touristen auftauchten. Zum Glück war Montag.

»Welcher Raum?« Dürr zog die Augenbrauen zusammen. »Und welche Nutzung? Ja gut, wenn die Täter hier das gemacht hätten, wofür man so ein Papier normalerweise braucht ...« Sie presste die Lippen aufeinander.

»Verschwendung von Klopapier ist jedenfalls keine Straftat«, feixte Batz, bevor er wieder einen Husten vortäuschte.

»Freut mich, dass der Arbeitseifer der bayerischen Polizei so ausgeprägt ist«, zischte Knoll, während zwei Gemeindearbeiter in einem Kleinlaster vorfuhren und ausstiegen.

»Räumen Sie das weg. Und es schadet nichts, wenn es schnell geht! Hoffentlich erfährt die Zeitung nichts davon ...«

Dienstag, 06. Juni, vor dem Museum der Stadt

»So, und jetzt?«, fragte Thea Knoll.

»Ich bin völlig fassungslos.« Die Museumsleiterin starrte entsetzt nach oben.

»Jetzt sagen Sie bloß, Sie haben davon nichts bemerkt!«

»Nun ja, ich leite dieses Haus, aber ich wohne nicht darin, Frau Bürgermeisterin ... und wie ich heute früh zum Dienst gekommen bin, habe ich Sie sofort ...«

»Haben wir denn da keine Kameras?«

Sie blickten hinauf zum zentralen Erker des Renaissance-Fachwerkbaus, der sich imposant über das erste und zweite Obergeschoss erstreckte. Das heißt, so imposant war er jetzt gerade nicht, weil er komplett eingehüllt war mit einem Material, das verdächtig nach Hygienepapier aussah.

»Kameras haben wir nur in den Innenräumen, Frau Bürgermeisterin.« Die Museumschefin war immer noch bleich im Gesicht. »Aber ich habe natürlich gleich nach Ihnen die Polizei verständigt ... da kommt sie ja schon!«

»Ja, hoppla.« Polizeiobermeisterin Dürr entstieg dem Einsatzfahrzeug und musste wegen des hellen Sonnenlichts die Augen zusammenkneifen. »Das kommt uns doch irgendwie bekannt vor ...«

»Von wegen hoppla!« Thea Knoll kam der Polizistin so nahe, dass sich ihre Nasen fast berührten. »Wenn Sie den Vorfall letzte Woche ein wenig ernster genommen hätten, wäre diese Sauerei nicht passiert!«

»Wir haben das sehr ernst genommen«, beteuerte Dürr. »Viel ernster als das tote Wildschwein auf der Staatsstraße nach Schippach und die zugeparkte Einfahrt in Bürgstadt und ...«

»Aha, und was haben Sie dann unternommen?« Der Bürgermeisterin fiel ein, dass sie ihre Blutdrucktabletten heute noch nicht genommen hatte.

»Wir haben die Tat fotografisch dokumentiert. Das haben wir mit den anderen nicht gemacht ...«

»Dann kam das Foto in der Zeitung wohl von Ihnen«, rief Knoll. »Also so eine Frechheit, das wird ein Nachspiel haben, Frau äh, Ding!!«

»Also, jetzt tun Sie uns aber Unrecht ...«

»Das ist doch kein normales Klopapier«, meldete sich nun Batz.

»Wie, meinst du, es ist nicht saugfähig?« Dürr hatte sich von der zerknirschten Bürgermeisterin abgewandt und ging zurück zum Streifenwagen.

»Der war gut«, gluckste Batz. »Aber ich meine die Größe,

das sind doch ewig breite Bahnen, so ein Papier gibt's doch gar nicht zu kaufen …«

»Das stimmt«, rief Dürr, während sie den Kofferraum öffnete. »Vielleicht sollten Sie mal mit der AboPa reden, Frau Bürgermeisterin.«

»Warum machen Sie das nicht?«

»Weil hier keine Straftat vorliegt und wir daher auch keinen Grund haben, zu ermitteln!«

»Ja, ja, wenn man nicht alles selber macht«, sagte Knoll unwirsch.

»Oh je, der Finke.« Die Museumsleiterin deutete in Richtung Stadtkirche, von der sich ein großer Mann in einer Lederweste und mit einer riesigen Kamera näherte, die er gerade in Anschlag brachte.

»Der hat mir hier gerade noch gefehlt«, seufzte Knoll.

»Bitte alle mal lächeln …«

Montag, 12. Juni, Besprechungsraum Rathaus

»Und jetzt auch noch das Mainzer Tor!« Bürgermeisterin Knoll knallte die Zeitung auf den Besprechungstisch und sah herausfordernd in die Runde. »Und schon wieder auf der ersten Seite im Regionalteil!« Auf einem großen, über die Doppelseite reichenden Foto war das Mainzer Tor zu sehen, dessen unteres Viertel bis zur Oberkante der Durchfahrt fein säuberlich in breite Bahnen Hygienepapier verpackt war. Darüber die Schlagzeile »Klopapier-Christo hat wieder zugeschlagen!«

»Fällt denn hier niemandem etwas dazu ein«, rief die Rathauschefin, nachdem die Anwesenden eine Minute lang schweigend entweder auf den Boden oder zur Decke geschaut hatten.

»Nun ja, hm.« Schnörkel, der Leiter des Stadtmarketings, räusperte sich. »Also, rein werbetechnisch kann man das auch positiv sehen, Frau Bürgermeisterin ...«

»Wie bitte?!«

»Ja, unsere Klickzahlen gehen ziemlich nach oben, sowohl auf der Webseite als auch in den Sozialen Medien. Das bringt uns Aufmerksamkeit, *TV Mainfranken* war auch schon da und hat gedreht und der *Bayerische Rundfunk* auch ...« Er fingerte auf seinem überdimensionalen Smartphone herum.

»Und warum weiß ich davon nichts?« Knoll haute mit der Faust auf den Tisch, dass die Kaffeetassen hüpften. »Ich will keine landesweite Aufmerksamkeit für unsere Stadt wegen Scheißhauspapier!«

»Sie waren ja über das Wochenende auf Dienstreise.« Der Marketingleiter lächelte halb verlegen. »Diese Bierprobe in der böhmischen Partnerstadt, zu der ich nicht mitdurfte ...«

Schnörkel war mal so ein arbeitsloser Studierter gewesen, der vor zwanzig Jahren durch eine ABM-Maßnahme zur Stadt gekommen war. Was er genau studiert hatte, wusste Knoll selbst nicht mehr. Aber nachdem er sich mit Computern und Handys und dem ganzen Kram auskannte und fast fehlerfreie Texte produzieren konnte, war er irgendwann beim Stadtmarketing gelandet, das er mittlerweile leitete.

»Schnörkel.« Die Stimme der Bürgermeisterin wurde gefährlich leise. »Das Ganze ist doch nicht etwa auf Ihrem Mist gewachsen?«

»Was ... nein ... wo denken Sie hin, Frau Bürgermeisterin?« Er schien ehrlich betroffen.

»Als ich sagte, wir müssen endlich was tun, damit wir mehr raussstechen zwischen Würzburg, Aschaffenburg,

Lohr, Sommerhausen, Karlstadt und so weiter, da meinte ich das nicht *so*!«

»Ich habe damit nichts zu tun, Frau Knoll, ich schwöre. Marketing macht man heutzutage im Internet und nicht mit Klopapier ...«

»Ich denke ja auch, dass wir es hier eher mit so einer Art Spaßguerilla zu tun haben«, meldete sich nun Thomas Nothaft, seines Zeichens Leiter der Polizeiinspektion.

»Wenigstens von Ihnen hätte ich mir etwas Unterstützung erwartet, Herr Nothaft.« Knoll seufzte und griff zur Kaffeetasse.

»Wir fahren verstärkt Streife in der Altstadt, vor allem von Sonntag bis Dienstag ...«, versicherte der Polizeihauptkommissar.

»Hmpf ...«

»Ja, und wir dokumentieren alles und sichern Beweismittel.« Er legte einen Plastikbeutel auf den Tisch, in dem sich ein Stück Toilettenpapier befand.

»Beeindruckend«, ätzte Knoll.

»Mehr können wir im Moment leider nicht tun.« Der Dienststellenleiter nestelte verlegen an seinem Krawattenknoten. »Unsere Personaldecke ist alles andere als dick ...«

»So, und dann ermitteln wir einfach nicht mehr bei Straftaten, weil unsere Personaldecke zu dünn ist?«

»Es handelt sich ja nicht um Straftaten, Frau Bürgermeisterin, meines Erachtens noch nicht einmal um Ordnungswidrigkeiten. Genau genommen haben wir gar keine Grundlage um tätig zu werden.«

»Wie wär's mit Behinderung des Straßenverkehrs?« Knoll klopfte auf das Bild in der Zeitung, die noch immer vor ihr lag.

»Ein Eingriff in den Straßenverkehr liegt nicht vor, weil die Straße nicht mehr durch das Tor hindurch, sondern außenrum führt. Und beschädigt wurde ja auch nichts, das ... äh, Papier lässt sich ja ohne große Mühe wieder entfernen ...«

»Ja, genau, das Papier«, nahm Knoll den Ball auf. »Haben Sie wenigstens einmal bei der AboPa nachgefragt? Eine Klopapierfabrik direkt vor Ort ist doch sicher eine heiße Spur.«

»Ich? Aber das wollten doch Sie tun, wie mir berichtet wurde.« Nothaft wich dem zornigen Blick der Bürgermeisterin aus. »Sie stehen doch mit der örtlichen Wirtschaft im regelmäßigen Austausch, nicht wahr ...«

»Ich weiß schon, dass ich mich hier um alles selbst kümmern muss! Ich habe in der Tat den Geschäftsführer der AboPa herbestellt, aber wie Sie alle sehen, ist er leider ...«

»Frau Bürgermeisterin, da wäre eine Dame von der Papierfabrik.« Die Tür hatte sich nach einem kurzen Klopfen geöffnet, und der Kopf von Knolls Sekretärin erschien.

»Eine Dame?« Knoll legte die Stirn in Falten. »Soll reinkommen!«

»Grüß Gott, die Herrschaften.« Eine junge Brünette im dunkelblauen Kostüm rauschte herein und steuerte den freien Platz neben Schnörkel an. »Jeanette Häßler mein Name, ich leite die Unternehmenskommunikation bei der AboPa. Ist es gestattet?«

»Wo ist denn Herr Zügel?«, fragte die Bürgermeisterin leicht entgeistert.

»Der Herr Geschäftsführer befindet sich gerade auf einer Auslandsreise, wir haben ihn informiert, und er hat mich gebeten, ihn zu vertreten. Ich hoffe, ich kann Ihnen weiterhelfen ...«

»Das hoffen wir auch«, sagten Knoll und Nothaft unisono.

»Geht es um diese Späße, die wir da immer wieder in der Zeitung lesen können?« Häßler deutete amüsiert auf den Lokalteil, der in der Mitte des Tisches lag.

»Genau.« Knoll nahm die Gazette wieder an sich. »Und ich nehme an, Sie können sich schon denken, was wir von Ihnen wollen?«

»Glauben Sie etwa, dass die ApoPa etwas damit zu tun hat. Aber, aber, ich bitte Sie, warum sollten wir unser großartiges Produkt denn für so was verschwenden?«

»Na ja, vielleicht wollen Sie ja mal eine andere Art von Werbung ausprobieren«, meldete sich der Fachmann Schnörkel. »So abwegig ist das doch nicht ...«

»Das ist es schon.« Häßler blickte ungläubig in die Runde. »Seit dem Ausbruch der Corona-Pandemie reißen die Leute sich praktisch um Hygienepapier. Wir mussten die Produktion bis an den Anschlag aufdrehen und haben immer noch ein gutes Dutzend Stellen zu besetzen. Glauben Sie mir, Frau Bürgermeisterin, wir haben wirklich keine Werbung nötig!«

»Aber was ist denn mit dem verwendeten Papier?«, fragte nun Nothaft. »Könnte das von Ihnen stammen, also von der AboPa, meine ich.«

»Das weiß ich nicht, ich habe ja immer nur die Fotos in der Zeitung gesehen ...«

»Zweimal wurden sehr breite Rollen verwendet, über zwei Meter«, hakte Nothaft nach.

»Genau, so was kriegt man nicht im Supermarkt.« Knoll hielt die Zeitung hoch und klopfte auf das verhüllte Mainzer Tor.

»Ja, da haben Sie recht.« Häßler räusperte sich. »Das scheinen die Bahnen zu sein, bevor sie im vorletzten Arbeitsgang auf Maß geschnitten werden ...«

»Also stammt es von Ihnen«, fragte Nothaft mit gezücktem Notizblock.

»Um das zu beurteilen, brauche ich erst mal ein Muster, also ein Stück vom Tatort, wenn das so heißt.« Häßler blickte zwischen der Bürgermeisterin und dem Polizeikommissar hin und her.

»Nun ja, ich kann Ihnen dieses Beweisstück vorübergehend überlassen.« Nothaft zog das Plastiktütchen mit dem Papierfetzen aus der Innentasche seiner Jacke und überreichte es der Unternehmenskommunikatorin.

»Das ist nicht von uns«, beschied sie kurz darauf entschlossen.

»Sind Sie sicher?«

»Absolut.« Sie gab Nothaft das Beweismittel zurück. »Diese Struktur auf dem Papier ist nicht von uns, ohne jeden Zweifel!«

»Na gut«, sagte Knoll. »Dann wollen wir Ihre Zeit auch nicht länger in Anspruch nehmen.«

Just in dem Moment, als die Hygienepapier-Dame mit Schnörkel den Besprechungsraum verließ, drängte sich ein Herr mit runder Brille und Lederweste in den Raum. Um seinen Hals hing eine Spiegelreflexkamera.

»Frau Bürgermeisterin Knoll«, begann Finke überschwänglich. »Das ist ja wunderbar, dass Sie der Presse so spontan für einige Fragen zur Verfügung stehen ...«

»Hör mit dem Theater auf, Bernd«, blaffte Knoll. »Wer hat dich überhaupt reingelassen?«

»Das ist doch ein öffentliches Gebäude.« Der Journalist tat verwundert. »Ich dachte, ihr habt jetzt in dieser hehren Runde das Rätsel um diese Klopapierverhüllungskunst gelöst und wollte gleich mal nachfragen. Mit etwas Glück kriege ich es noch in die morgige Ausgabe ...«

»Wenn wir der Zeitung etwas mitteilen wollen, machen wir eine schriftliche Erklärung oder eine Pressekonferenz … und jetzt zisch ab, du nervst!«

»Sie kennen sich?«, fragte Nothaft, nachdem Finke keinerlei Anstalten machte, dem Wunsch der Bürgermeisterin nachzukommen.

»Aber selbstverständlich«, rief Finke enthusiastisch. »Wir waren im selben Abiturjahrgang. Nur habe ich mich leider nicht so jugendlich frisch gehalten wie die Frau Bürgermeisterin …«

»Und dabei habe ich wesentlich mehr Ärger.« Knoll erhob sich langsam von ihrem Stuhl.

»Aber wenn Sie schon da sind«, wandte Nothaft sich an den Redakteur. »Vielleicht könnten Sie ja uns ein paar Fragen beantworten?«

»Ich? Ihnen?« Finke setzte sich ihm gegenüber. »Aber ich habe da wirklich nichts gesehen.« Er hob abwehrend die Hände. »Ich bin unschuldig, glauben Sie mir.«

»Woher wussten Sie denn immer so schnell von diesen … Kunstwerken? Immerhin war jedes Mal gleich am nächsten Tag ein Bericht mitsamt Foto in der Zeitung.«

»Nun, sagen wir, ich habe halt eine Nase für so was.« Finke zuckte mit den Schultern. »Nach dreißig Jahren im Job …«

»Die Tatzeiten waren immer in den frühen Morgenstunden, zwischen zwei Uhr und Sonnenaufgang etwa.« Nothaft tippte mit dem Stift auf seinem Block herum. »Und die Frau Bürgermeisterin hat das Papier immer sehr schnell entfernen lassen. Spätestens um neun war es wieder weg. Und das wollen Sie mir jeweils mit Ihrer Nase erklären?«

»Miltenberg ist klein, Herr Nothaft.« Finke lächelte unschuldig. »Und ich habe mir angewöhnt, dass ich immer so zwischen sieben und acht einmal durch die Altstadt laufe. Ich bin nämlich Frühaufsteher, wissen Sie …«

»Das ist nicht gerade die wahrscheinlichste Erklärung«, sagte der Polizeikommissar scheinbar zu sich selbst.

Finke beeilte sich nun, von seinem Stuhl aufzustehen. »Ich tue nur meine Arbeit und berichte darüber, was in unserer schönen Stadt so vor sich geht …«

»Dann bin ich ja mal gespannt, ob du beim nächsten Mal auch wieder rechtzeitig zur Stelle bist.« Knolls Augen verengten sich zu Schlitzen.

»So Gott will.« Finke lächelte kurz und eilte zur Ausgangstür.

»Der war noch nie ein Frühaufsteher«, sagte die Bürgermeisterin zu Nothaft, als alle anderen gegangen waren. »Der hat schon in der Schule dauernd verschlafen!«

»Nun ja.« Nothaft stand auf und drückte ächzend das Kreuz durch. »Ich fürchte, wir können ihm nicht das Gegenteil beweisen …«

»Glauben Sie wirklich, dass der Bernd was damit zu tun hat?«

»Es könnte auch sein, dass er den Polizeifunk abhört!«

»Ich werde morgen eintausend Euro Belohnung für Hinweise auf die Täter aussetzen!«

»Gute Idee!«

»Einer muss ja was tun!«

Freitag, 16. Juni, Altes Rathaus Miltenberg

»Schnörkel«, rief die Bürgermeisterin. »Was haben Sie hier zu suchen?«

»Ich hatte einen Termin … also, die vom Bauernverband, die wollen das Haus für ein Jubiläum mieten, und der Kreisobmann hatte nur ganz früh Zeit oder ganz spät ...« Schnör-kel blickte halb nervös, halb interessiert auf die imposanten Säulen, die die Halle in der Mitte des Erdgeschosses abstüt-zen. Normalerweise präsentierten sie sich im ehrwürdigen Rot des Sandsteins, doch gerade ...

»Um Himmels willen, hat der Kreisobmann das gesehen?«

»Nein, nein«, beschwichtigte er. »Ich habe ihm gleich abgesagt, per Handy. Er kommt heute Abend um sieben.«

»Gut.« Knoll atmete auf. »Und ich dachte schon, wenn es regnet, können die nichts anrichten ...«

»Na ja, wenn ich nicht da gewesen wäre, hätte es vielleicht funktioniert. Sie wissen ja, dass der Hausmeister kurz vor der Rente steht und nicht mehr viel sieht. Und dann wären hier vielleicht die ersten Touristen reingekommen und ...«

»Nicht auszudenken!« Knoll riss ein Stück des Papiers ab, das die mittlere Säule verhüllte. »Apropos reinkommen, Schnörkel – wer hat denn alles einen Schlüssel für die Tür? Sie doch auch, wenn ich mich nicht irre!«

»Frau Knoll, jetzt glauben Sie mir doch endlich, dass ich so was nicht machen würde!«

»Aber irgendwie müssen die ja hier reingekommen sein!«

»Da gibt es ja noch mehr Schlüssel, und außerdem hat das große Tor nur so ein ganz altes Bartschloss, da kann man sicher ohne viel Mühe einen Dietrich basteln.«

»Also, lassen Sie das alles hier sofort entfernen. Sonst kommt gleich noch der Finke und fotografiert wieder.« Die Bürgermeisterin lief eilig zur immer noch geöffneten Tür und stieß fast mit dem Dienststellenleiter der Polizei zusammen.

»Frau Knoll!« Nothaft war etwas außer Atem. »Gut, dass Sie da sind ...«

»Ja, das finde ich auch. Also, dass *Sie* da sind, Herr Not-haft, und nicht wieder diese beiden Spaßvögel.«

»Wen meinen Sie jetzt?«

»Na, dieses gemischte Doppel da, das immer nur Witze reißt.«

»Batz und Dürr? Das sind meine besten Leute.« Nothaft schritt entschlossen durch die Halle und leuchtete mit einer Taschenlampe auf den Boden. »Na ja, zumindest sind es die Gesündesten.«

»Also gut«, seufzte Knoll. »Ich reiß dann mal das Papier hier weg ... ich muss ja immer alles selber ...«

»Stopp«, rief Nothaft. »Tun Sie das nicht!«

»Nicht?«

»Nein, da draußen sind Blutspuren, und hier drinnen auch. Da muss irgendwas passiert sein, sehen Sie.«

»Tatsächlich.« Knoll blickte dem Lichtkegel der Taschenlampe nach. Von der vordersten Säule zog sich eine Spur unterschiedlich großer brauner Flecken zum großen Tor.

Sie eilten hinaus, wo das dynamische Polizistenduo Dürr und Batz gerade dabei war, der Blutspur durch die Gasse in Richtung Main nachzugehen.

»Dann haben die sich vielleicht irgendwie verletzt bei der äh, Arbeit«, folgerte Schnörkel.

»Ja, oder sie sind überrascht worden, und es gab einen Kampf.« Nothaft blickte konzentriert die Hauptstraße hinunter. »Immerhin hat die Frau Bürgermeisterin eintausend Euro Belohnung für die Ergreifung der Täter ausgesetzt. Ich verständige jetzt auf jeden Fall die Kripo in Aschaffenburg. Wir brauchen die Spurensicherung ...«

»Das hört sich gut an.« Schnörkel folgte dem Blick des Polizeichefs. »Oh je, da kommt er ...«

»Schnell!« Knoll schubste ihn in Richtung Rathaus. »Machen Sie die Tür zu und schließen Sie ab!«

»Frau Bürgermeisterin«, rief Finke schon von Weitem. Er war in Begleitung eines jungen Mannes, der die Kamera bereits im Anschlag hatte.

»Kein Kommentar!«

»Na, dann fotografier du doch schon mal die beiden Polizisten da mit den Taschenlampen.« Er klopfte seinem Begleiter auf die Schulter.

»Das werden Sie schön bleiben lassen!« Nothaft stellte sich dem jungen Mann in den Weg.

»Mit wem haben wir denn überhaupt das Vergnügen?«, fragte Knoll.

»Ach so, ja.« Finke lächelte schief. »Das ist mein Neffe, Charlie. Er macht ein Praktikum bei uns.«

»Ach, das ist dann der Sohn deiner Schwester?«

»Ja, von der Betty, weißt schon.« Finke sah sich aufmerksam um. »Was sind denn das für Flecken da auf der Straße?«

Samstag, 17. Juni, Küche im Hause Knoll

Früher waren Thea und Karl sich mal ähnlicher gewesen. Beide hatten eine Beamtenlaufbahn in der Kommunalverwaltung eingeschlagen und sich dabei kennen- und lieben gelernt. Im Laufe der Jahre entwickelten sie sich allerdings recht unterschiedlich. Während die ehrgeizige und fleißige Thea Karriere machen wollte, hielt es Karl immer weniger in seiner Amtsstube. Seine letzten zehn Dienstjahre verbrachte er als Sachbearbeiter für das Fischereiwesen am Landratsamt und war dabei weniger in seinem Büro als vielmehr an den verschiedensten Bächen, Flüssen und Seen des Landkreises zu finden. Mit Anfang fünfzig machte er sich einen Bandscheibenvorfall zunutze und erreichte eine Frühpensionierung. Seitdem verbrachte er noch mehr Zeit beim Angeln. Hin und wieder erledigte er Aufgaben im Haushalt, zu denen ihn seine Frau seit dem Ruhestand mit unterschiedlichem Erfolg zu erziehen suchte. Das mit dem Putzen und Waschen funktionierte noch nicht so recht. Gartenarbeit lief schon besser. Am zuverlässigsten war Karl aber beim Kochen, was wohl daran lag, dass er tatsächlich Freude daran hatte, vor allem, wenn es darum ging, frisch gefangene Fische zu verarbeiten – und manchmal klappte es dann sogar mit dem Abwasch.

Heute servierte Karl zwei frische Zander an Lauch-Rahm-Gemüse mit Ofenkartoffeln.

»Schmeckt's dir, Knöllchen?«, fragte er, nachdem sie sich am Esstisch in der großen Küche niedergelassen hatten.

»Ja, natürlich.« Thea war etwas unwirsch. Während sie sich in Zwölf-Stunden-Tagen abrackerte, ging ihr Alter zum Angeln und ins Wirtshaus, was seiner Figur alles andere als zuträglich war. Aber immerhin hatte er gekocht und sie mehr als nur ein Personalführungsseminar hinter sich.

Karl strahlte über das ganze Mondgesicht. »Und, war wieder viel los heute?«

»Dreimal darfst du raten.« Thea nahm einen großen Schluck Silvaner. »Diese Klopapierverbrecher rauben mir den letzten Nerv. Jetzt ist die Kripo dran, wegen dem Blut ...«

»Ja, davon hab ich gelesen, in der Zeitung.« Karl schenkte Wein nach. »Da war aber nicht nur dem Finke sein Name drunter sondern noch einer, äh, Moment, Charlie Höfler, glaube ich.«

»Ja, das ist der Neffe vom Bernd, weißt schon, der Sohn von der Betty.« Thea fummelte in den Zähnen nach einer Gräte.

»Ach ja, freilich, der Charlie …« Karl hatte seinen Teller bereits leer geschaufelt. »Der war doch mit unserer Lena in einer Klasse … nein, der war eine Klasse höher und ist dann noch durchgefallen.«

»Jetzt ist er beim *Untermain-Boten*, angeblich als Praktikant. Noch einer von der Sorte …«

»Der hat wohl eine Zeit lang irgendwas studiert in Frankfurt.« Karl stand auf und holte die Flasche mit dem Zwetschgenbrand und zwei Gläser. »Das ist ihm dann zu schwer geworden, und dann hat er aufgehört. Das Letzte, was ich gehört habe, war, dass er wieder in Miltenberg ist und in einer Fabrik jobbt.«

»In was für einer Fabrik?«

»Na ja, welche Fabrik wird's schon sein?«

»Dann hätte er besser bei der AboPa bleiben sollen … woher weißt du das alles?« Thea beschloss, die Hälfte der Kartoffeln übrig zu lassen – zu viele Kohlenhydrate.

»Na, der Schwager von der Betty hat das erzählt, der Ding, der macht manchmal den Brunskartler, wenn wir im *Kalt-Loch-Bräu* schafkopfen. Auch einen Zwetschger?«

»Unbedingt.« Thea wurde kurz wütend bei dem Gedanken an ihren schafkopfenden Gatten. »Und morgen verrät mir die Polizei hoffentlich, wer bei uns vermisst wird.«

»Wieso vermisst?«

»Na ja, der- oder diejenige, von dem das Blut beim Alten Rathaus stammt, ist noch nirgends aufgetaucht, in keinem Krankenhaus, bei keinem Arzt. Dabei dürften schwerere Verletzungen vorliegen.«

»Den Schorsch habe ich heute früh vermisst, der wollte eigentlich auch zum Zanderangeln an den Main …«

»Den Bäcker-Schorsch, unseren funktionalen Stadtstreicher?«

»Ja, der immer wieder Fische an die Wirtshäuser verkauft, weil er so wenig Geld hat.«

»Na ja, wenn der mal nicht auftaucht … obwohl, der steht doch immer so früh auf, oder?«

»Ja, das hat der noch so drin, Berufskrankheit sozusagen … Prost!« Sie exten den Zwetschgenbrand.

Sonntag, 18. Juni, abends, irgendwo in Miltenberg

»So, Schnörkel! Jetzt schnappen wir uns die Brüder!« Knoll schritt energisch voraus. »Ist der Akku in Ihrer Kamera auch aufgeladen?«

»Ja, ja, Frau Bürgermeisterin.« Er hatte Mühe, seiner Chefin zu folgen. »Ich verstehe nur nicht ganz …«

»Können Sie damit auch filmen?«

»Ja, sicher, aber *was* genau soll ich denn filmen?«

»Die Überführung der Täter! Sie dokumentieren das alles, dann schreiben Sie ein paar kleine Texte dazu, und dann kommt das auf unsere Homepage und diese Dings … na, Sie wissen schon.«

»Social-Media-Kanäle?« Schnörkel geriet langsam außer Atem. »Sollten wir nicht lieber die Polizei …«

»Ja, und dann heißt es, die Polizei war es. Aber nicht mit mir, Schnörkel. Die können Sie rufen, wenn wir das alles gefilmt haben.« Sie schlug einen Haken nach links in eine Stichstrasse.

»Aber wenn die gefährlich sind?« Schnörkel versuchte seinen Schritt zu verlangsamen, was seine Chefin jedoch nicht beeinflusste.

»Die sind nicht gefährlich … so, da wären wir. Jetzt heißt es aufpassen!« Sie standen am Gartentor eines Zweifamilienhauses aus den Sechzigerjahren. Knoll blickte sich in der

Dämmerung um. Aufgrund des immer noch regnerischen Wetters war kaum jemand draußen. Die Gärten und Terrassen der Nachbarhäuser waren verwaist. Sie schlichen durch den gepflegten Garten zum Eingang. Die Tür zum Treppenhaus war offen, die der Erdgeschosswohnung erwartungsgemäß zu.

»Sie stellen sich jetzt davor, und wenn jemand fragt, wer da ist, sagen Sie ›Pizzalieferung‹ oder so, verstanden?«, raunte Knoll.

»Aber, aber«, protestierte Schnörkel.

»Keine Widerrede! Los!« Die Bürgermeisterin drückte energisch auf den Klingelknopf und sprang zur Seite.

Es dauerte fast dreißig Sekunden, bis sie Schritte hörten.

»Wer ist da?«, rief eine männliche Stimme.

»Ich, äh, also, der Lieferdienst«, stotterte Schnörkel. »Ich bringe Ihre Pizza!«

»Hä, wir haben doch gar keine Pizza ...«

Die Tür wurde einen Spaltbreit geöffnet, und Knoll sprang vor und warf sich dagegen. Der überrumpelte Bewohner wich zurück, sodass die Bürgermeisterin fast den Halt verlor. Schnörkel folgte ihr mit gezückter Kamera.

»Dies ist Herr Charlie Höfler«, begann sie, während sie weiter in die Wohnung eindrang. »Herr Höfler absolviert gerade ein Praktikum bei unserer geschätzten Regionalzeitung, wo sein Onkel seit vielen Jahren tätig ist ...«

»He, was soll denn das!« Charlie folgte ihr protestierend. »Sie können doch nicht einfach hier rein und ...«

»Seit Herr Höfler wieder in Miltenberg ist, wohnt er im Erdgeschoss des elterlichen Hauses, wo er eine Wohnung für sich alleine hat.« Sie hatte mittlerweile die Küchentür aufgestoßen, wo Bernd Finke mit einem Bier am Tisch saß.

»Frau Bürgermeisterin«, rief Finke erstaunt. »Was verschafft uns denn die unerwartete Ehre?«

»Hier haben wir auch schon den Onkel«, fuhr Knoll fort und setzte sich an den Tisch.

»Ja, ich äh, ich habe mich hier mit meinem Neffen getroffen, um ihm noch ein paar Tipps für sein Praktikum nächste Woche zu geben.«

»Ich glaube, die hat er nicht nötig«, sagte sie. »Der versteht sich perfekt auf spektakuläre Aktionen.«

»Was wollen Sie denn damit sagen?« Bernd bemühte sich, die Fassung zu bewahren.

»Dass Charlie unser Klopapierattentäter ist«, konterte Knoll. »Er hat bis vor Kurzem bei der AboPa gearbeitet und ist so an das Papier herangekommen, auch in dieser großen Abmessung. Und praktischerweise war sein Onkel immer gleich zur Stelle und konnte brandheiß berichten ...«

»Aber Frau Bürgermeisterin«, empörte sich Finke. »Sie können doch nicht so einfach hier reinplatzen und ohne Beweise unschuldige Menschen verdächtigen. Sie sollten jetzt besser gehen, sonst müssen wir die Polizei rufen.«

»Tun Sie das«, lächelte Thea Knoll. »Die werden wir sowieso brauchen, früher oder später!«

»Na ja, also, ich weiß nicht«, meldete sich Charlie, der sich immer noch in der Nähe der Küchentür herumdrückte.

»Das wäre ja alles auch nur ein Spaß geblieben«, fuhr sie fort, »wenn Sie nicht beim letzten Streich vom alten Schorsch überrascht worden wären. Der Schorsch war früher Bäcker und steht immer noch sehr früh auf. Am Freitag wollte er im Dunkeln zum Angeln an den Main. Dabei wurde er Zeuge des Anschlags auf unsere ehrenwerten Sandsteinsäulen ...«

»Was heißt denn hier Anschlag?«, warf Finke ein.

»Absichtlich oder nicht, jedenfalls wurde der Schorsch von den Tätern verletzt, wahrscheinlich schwerer.« Knoll stand nun wieder auf und ging langsam in Richtung Küchentür. »Dazu muss gesagt werden, dass ich kürzlich eine Belohnung von eintausend Euro ausgesetzt habe, für Hinweise, die zur Ergreifung der Täter führen. Die hätte der Schorsch sicher gut gebrauchen können ...«

»Wollen Sie uns jetzt auch noch eines Mordes verdächtigen?«, tat Charlie empört, während er versuchte, die Bürgermeisterin vom Betreten des Flurs abzuhalten.

»Nein, nein, ich glaube nicht, dass ihr in der Lage seid, einen Mord zu begehen. Aber ihr konntet den Verletzten ja auch nicht so ohne Weiteres in ein Krankenhaus bringen, weil er dann früher oder später gesagt hätte, was er gesehen hat. Also vermute ich, dass ihr in mitgenommen habt, und jetzt pflegt ihr ihn, weil ihr ja im Grunde eurer Herzen gute Menschen seid und versucht, ihn davon abzuhalten, dass er sich die Belohnung holt. Wahrscheinlich kratzt ihr selber gerade Geld zusammen, damit er dichthält. Stimmt's oder habe ich recht?«

Es kam zu einer Art Rempelei zwischen ihr und Charlie, als sie tiefer in den Flur wollte, wo noch drei weitere Türen waren. Eine stand halb offen und gab den Blick auf ein Badezimmer frei, dessen Interieur nicht mehr ganz der Mode entsprach. Die beiden anderen waren zu. Schließlich gab Charlie nach und baute sich vor einer der Türen auf.

»Aber Frau Knoll.« Er versuchte, betont ruhig zu sprechen. »So denken Sie doch einmal in Ruhe nach. Das Papier kam doch gar nicht von der AboPa, das wissen Sie doch. Also kann ich es doch nicht gewesen sein.«

»Woher wissen Sie denn, dass ich weiß, dass das Papier nicht von der AboPa stammt?« Thea bemühte sich, möglichst oft in die Richtung von Schnörkel und seiner Kamera zu blicken.

»Das, na, das haben Sie doch bei dieser Besprechung erfahren, bei der mein Onkel dabei war. Der hat mir das jedenfalls erzählt.« Charlie wich nach wie vor nicht von der Tür. »Stimmt doch, Onkel Bernd?«

»Das kann nicht sein«, erwiderte Knoll. »Bernd kam erst hereingeschneit, als diese Dame von der AboPa, die das Papier begutachtet hat, schon wieder gegangen war.«

»Ich habe ...« Nun näherte sich auch Finke dem Flur. »Ich gebe es zu, ich habe an der Tür gelauscht. Das entsprach natürlich nicht so ganz dem Pressekodex.«

»Möglich, Bernd, möglich«, lächelte Knoll. »So was ist dir durchaus zuzutrauen. Ich glaube aber, dass diese Dame gar nicht von der AboPa war ...«

»Was?«, riefen Finke und Schnörkel unisono.

»Ja, es hat mir einfach keine Ruhe gelassen, dass dort jemand arbeitet, den ich nicht kenne. Deswegen habe ich mich gestern kurz mal mit dem Herrn Geschäftsführer Zügel getroffen und nachgefragt. Und was glauben Sie, was er mir gesagt hat?«

»Aber, Frau Bürgermeisterin.« Schnörkel ließ die Kamera sinken. »In so was müssen Sie mich doch einweihen!«

»Tue ich ja hiermit.« Sie machte ein Zeichen, dass er die Kamera wieder ausrichten sollte. »Also, erstens habe ich erfahren, dass dieses Papier sehr wohl von der AboPa stammt. Es war eine fehlerhafte Charge, die zum Recycling ging, und es ist gut möglich, dass dabei eine oder zwei große Rollen abhandengekommen sind. Das zählt keiner nach. Und ...«

»Ja?« Schnörkel zoomte auf seine Chefin.

»Eine Jeanette Häßler ist dort nicht bekannt ...« Endlich gab Charlie nach und ließ sich von der Tür wegbugsieren. Knoll öffnete, und die Kamera schwenkte in eine Art Gästezimmer. Der Raum war spärlich möbliert. Ein Tisch mit

Stuhl, ein alter Bauernschrank, ein niedriges Sideboard aus rotem Plastik und eine Liege beziehungsweise eine Art Gästebett, auf dem ein älterer Herr mit einem Verband um den Kopf lag. Man hatte eine pastellfarbene Wolldecke über ihn gebreitet. Der Kopf ruhte auf einem wuchtigen Daunenkissen. Er hielt eine Bierflasche in der Hand und machte einen recht benommenen Eindruck. Neben dem Bett war ein Fenster zum Garten, das sperrangelweit offen stand.

»Schorsch«, rief Knoll, während sie in das Zimmer stürzte. »Bernd oder Schnörkel, jetzt wird es höchste Zeit für einen Rettungswagen.«

»Aber dem geht's schon wieder ganz gut.« Charlie tätschelte Schorsch die Hand. »Der braucht keinen Rettungswagen ...«

»Das reicht jetzt«, zischte sie.

»Ja, aber auf die Polizei, da können wir doch sicher drauf verzichten.« Nun war auch Finke in das Zimmer gekommen. »Dem Schorsch geht's prima bei uns, der will eigentlich gar nicht mehr weg. Stimmt's, Schorsch?«

»Kann ich noch so eine Medizin haben«, lallte der Angesprochene und hob die Bierflasche leicht an.

»Die Polizei ...«, begann Schnörkel, der die Kamera mittlerweile abgesenkt hatte.

»Ist schon da«, tönte es von der Tür. Davor standen die Beamten Dürr und Batz, in ihrer Mitte die junge Dame, die sich als Jeanette Häßler ausgegeben hatte.

»Also.« Dürr kratzte sich am Kopf. »Jetzt noch mal langsam zum Mitschreiben ...«

Sie saßen versammelt in der Küche von Charlie Höfler. Der Bäcker-Schorsch war gerade vom Roten Kreuz abgeholt und in die Klinik nach Wertheim gefahren worden.

Tatsächlich hatte er sein bequemes Quartier zunächst nicht verlassen wollen, aber der Verdacht auf eine Gehirnerschütterung ließ sich nicht so einfach widerlegen. Um den Tisch war es etwas eng geworden, sodass die beiden Polizeibeamten stehen mussten. Allerdings hatten auch sie ein Bier bekommen, Bernd hatte eine Runde ausgegeben. Wahrscheinlich weil er meinte, die Bürgermeisterin damit besänftigen zu können.

»Ich, ich habe aber nichts zum Mitschreiben«, erwiderte Batz. »Mein Block ist ganz voll.«

»Dann ... dann ...« Dürr sah sich um und grinste. »Dann nimm halt Klopapier, davon wird's hier schon noch was geben!«

»Also«, meldete sich Schnörkel, der nebenbei noch an seiner Kamera herumfummelte. »Die junge Dame hier heißt nicht Jeanette Häßler, sondern Ramona ... äh, wie noch mal?«

»Hungertuch«, seufzte die Angesprochene und nahm einen Schluck Bier.

»Wie? Echt jetzt?«, fragte Batz.

»Ja, Sie haben doch meinen Ausweis!«

»Stimmt ja«, gluckste er und wandte sich wieder seinen Notizen zu, die er auf ein Stück Butterbrotpapier machte.

»So, und die Frau Hungertuch ist die Freundin von unserem Herrn Höfler hier. Und der Höfler hat zusammen mit ihr und seinem Onkel diese Aktionen mit dem Toilettenpapier durchgeführt ...«, fuhr Schnörkel fort.

»Moment«, meldete sich Finke. »Ich war nicht dabei, zumindest nicht von Anfang an ...«

»Ab wann dann?«, fragte Knoll scharf.

»Erst ab dem dritten Mal, beim Mainzer Tor ...«

»Da haben die anderen wohl Hilfe gebraucht?«

»Eigentlich hat uns ja der Mario geholfen«, sagte Charlie leicht geknickt.

»Welcher Mario?« Knoll stupste Schnörkel an, der die Kamera wieder in Betrieb nahm.

»Der Mario ist Azubi bei der AboPa und ... na ja, der hat mir geholfen, die großen Papierrollen rauszuschmuggeln. Und dann hab ich ihn gefragt, ob er mal richtig Gaudi machen will ... und für nen Hunni pro Nacht hat er dann mitgemacht.«

»Ich wusste davon wirklich nichts am Anfang«, übernahm Finke wieder das Wort. »Aber nachdem ich ihnen draufgekommen bin, habe ich mir gedacht, dann kann ich auch mithelfen. Schließlich war das alles für einen guten Zweck ...«

»Ein guter Zweck!« Die Stimme der Bürgermeisterin überschlug sich. »Welcher soll denn das gewesen sein, bitte?«

»Als ich das Praktikum in der Redaktion angefangen habe, hat mein Onkel gemeint, hier wäre nicht viel los. Ab und zu mal ein Ladendiebstahl, dann die Weinfeste und das Mainfest und die Michaelismesse ... aber so richtig spektakulär wird es hier nicht, hat er gesagt. Hartes Brot für Journalisten!«

»Weiter!«, befahl Knoll.

»Ja, und da habe ich ihm eine Wette angeboten, dass ich es schaffe, Miltenberg in einem halben Jahr bundesweit in die Medien zu bringen. Mindestens eine überregionale Zeitung und mindestens ein Drittes Fernsehprogramm. Das war die Wette ...«

»Ah, verstehe.« Schnörkel ließ die Kamera wieder sinken. »Und weil es nichts ausreichend Spektakuläres zu berichten gab, haben Sie es gleich selbst gemacht ...«

»Hey!« Charlie hob die Hände. »War der *Bayerische Rundfunk* da oder nicht?«

»Stimmt«, nickte Schnörkel. »Das hat er hingekriegt, das muss man ihm lassen ...«

»Schnörkel!« Sie haute mit der Faust auf den Tisch. »Vielleicht sollte ich dann lieber Charlie Höfler Ihren Job machen lassen?!«

»Aber, aber«, stotterte Schnörkel.

»Oder nein, noch besser«, zischte sie. »Ich mache Ihren Job gleich auch noch mit. Als Bürgermeisterin muss man hier anscheinend jede Arbeit selber machen ...«

»Hoppla«, rief Batz, der gerade seine Bierflasche umgestoßen hatte.

»... auch die der Polizei«, fuhr Knoll fort.

»Also, unseren Job können Sie nicht machen«, tat Batz wichtig. »Polizei ist Ländersache!«

»Und ich habe einen unbefristeten Arbeitsvertrag«, ergänzte Schnörkel.

»Na dann«, stöhnte sie und blickte resigniert auf ihre Bierflasche. »Na dann, Prost!«

Tommie Goerz

Mein Opa

Rothenfels

Ich hatte Opa geliebt. Im Sommer war ich manchmal wochenlang bei ihm in dem fränkischen Städtchen Rothenfels. Ich kuschelte mich an ihn und hing an seinen Lippen, wenn wir in seinem Garten auf dem Bänkchen hockten, hoch über der Stadt, und er durch seine dicken, runden Brillengläser hinuntersah über die Dächer und den Main, den Blick nach Zimmern auf der anderen Seite des Flusses gerichtet, und mir Geschichten erzählte. Dort drüben hatte er früher, als er noch ein junger Mann gewesen war, ein paar Wiesen mit Schafen gehabt. Jetzt würde er die von hier aus gar nicht mehr sehen können, sagte er damals oft, denn er sähe überhaupt nichts mehr. Erst später verstand ich, dass er tatsächlich fast blind war. Deshalb hatte er mir, damals war ich vielleicht sechs oder sieben, auch sein nagelneues Fernglas geschenkt. Ich besitze es bis heute. Er hatte es von der Blindenfürsorge bekommen und darüber nur gelacht. »Einem fast Blinden schenken die ein Fernglas. Denken die überhaupt etwas?«

Dass er die Fledermäuse nicht hören konnte, war mir auch ein Rätsel gewesen damals, ihr hohes Schreien, Zirpen oder Quietschen war doch so deutlich zu vernehmen, wenn ich am Abend neben ihm saß, eingehüllt von seinem ganz eigenen, leicht säuerlichen Geruch, der mich nie störte. Wenn dann die Nachtigall sang, später, wurde er immer ganz feierlich. Ich werde es bei dem Gesang bis heute.

Mein Opa. Dass er ein ziemlich schräger Vogel gewesen sein muss, auch ein Quertreiber, der sich mit fast allen anlegte, war mir damals nicht bewusst. Fast täglich schickte er mich hinunter zum *Roten Ochsen*, damit ich ihm eine Zigarre holte. Dreißig Pfennig, Dannemann, aus der großen ovalen Dose, in der sie mit ihren Bauchbinden standen, die er immer vorsichtig abmachte und mir schenkte. »Komm, mein kleiner Schatz«, sagte er dann jedes Mal, »kriegst heute wieder einen neuen Ring.« Ich freute mich täglich aufs Neue, obwohl diese Ringe immer gleich kaputt waren. Zerrissen. Irgendwie hellblau-gelb ist mir die Dose in Erinnerung, mit einer Weltkugel darauf. Die Zigarre rauchte er dann, breitbeinig auf unserem Bänkchen sitzend, genüsslich bis auf den Stumpen.

Bei meinem Opa war ich daheim, hier war für mich Frieden. Das ganze Jahr über freute ich mich auf den Sommer, wenn ich bei ihm sein konnte. Denn zu Hause war es nicht so schön, ich war nicht gerne dort. Meine Eltern stritten oft, Vater schlug gern zu, sperrte mich ein, auch meinen Bruder. Hausarrest bei heruntergelassenen Rollos, der erst aufgehoben wurde, wenn wir ein Buch auswendig hersagen konnten. *Häschenschule* zum Beispiel. *Kohlgemüse, Kressenblatt, ei, da essen sie sich satt! Wär' ich nicht ein Kindelein, möcht' ich gleich ein Häschen sein!* Ich kann die Verse bis heute. Oder den Katechismus. Mit Auslegungen. Verhaspelten wir uns oder vergaßen wir etwas, folgte ein weiterer Tag in Dunkelheit, während die anderen draußen Fußball spielten. Weil wir »frech« gewesen seien, nicht aufgegessen hatten, uns das Essen nicht schmeckte. Mutter war ständig am Schimpfen, zeterte, schrie, war gereizt. Wir seien missraten und undankbar, hieß es immer. Jede noch so kleine Verfehlung zog Schimpftiraden nach sich, und am Abend petzte sie alles dem Vater, machte es schlimmer, als es war. Dann gab es wieder Schläge, Hausarrest, Abendessensentzug. Heute läuft das alles unter Kindesmisshandlung.

Mit »Du sollst deinen Vater und deine Mutter ehren« pflanzten sie uns Schuldgefühle ein. Auch die Zehn Gebote mussten wir auswendig lernen.

Ich brachte nie Freunde mit nach Hause, ich schämte mich. Manchmal, erinnere ich mich, stand ich, wenn die Eltern mit dem Auto unterwegs waren, am Fenster in der Küche, sah hinaus und wünschte, sie würden nie wiederkommen. Hansi war das so ergangen, einem Jungen, der drei Häuser weiter gewohnt hatte. Dessen Eltern waren tödlich verunglückt. »Schrecklich«, hatten meine Eltern immer gesagt. Doch eines Tages wurden meine geheimen Gebete erhört. Mutter kam nicht wieder. Sie wollte nur kurz in den Nachbarort – seither war sie verschollen. Tage später fand man unser Auto direkt am Main, unversperrt. »Wahrscheinlich ist sie ins Wasser gegangen«, hieß es, und dass sie überlastet gewesen sei, Depressionen gehabt habe. Wir Kinder hatten davon nichts gemerkt – nur dass Vater uns in einem seiner Wutanfälle einmal dafür die Schuld gab. »Bloß wegen euch ging es ihr so schlecht«, warf er uns vor. Ich hatte lange ein schlechtes Gewissen deswegen und musste erst alt genug werden, um damit umzugehen. Später einmal darauf angesprochen, hat Vater das vehement bestritten, aber ich täusche mich nicht. Auf jeden Fall: Mutter wurde nie gefunden, auch kein Abschiedsbrief, kein Hinweis, nichts. Ich erinnere mich, dass Vater damals Besuch von der Polizei hatte und er auch einmal auf die Wache musste. Und, aber das erfuhr ich erst sehr viel später, weil er wenige Tage vor dem Verschwinden Mutters in Rothenfels gesehen worden sein soll; wir wohnten damals in Zell am Main. Es war aber nur ein ganz normaler Besuch bei seinem Vater, meinem Opa.

Doch sei es, wie es will, danach wurden die Zeiten besser, denn Vater war tagsüber nicht daheim, und die Nachbarin kümmerte sich um uns. Frau Hoffmann mit ihrem großen Herz. Sie nahm uns auch furchtlos vor Vater und seinem Jähzorn in Schutz. Und ab da war ich in jeden Ferien bei meinem Opa. Weihnachten, Ostern, Pfingsten, im Sommer.

Ja, natürlich, Opa schimpfte auch, aber anders. So, dass man es nie ernst nehmen konnte. Er schimpfte aus Spaß und ließ mich das merken. Wenn ich mit den Nachbarsjungen im Spitzboden des alten Schuppens hinterm Haus herumkroch, zum Beispiel. Da seien Ratten, und die würden beißen, warnte er uns immer. Aber wir bekamen nie eine zu Gesicht. Und er schalt mich, wenn ich mich beim Versteckspielen in der Hütte des Nachbarhundes verkroch – eines Hundes, ich weiß nicht mehr, wie er hieß, der zeit seines Lebens nie von der Kette genommen wurde und um dessen Hütte herum alles verkotet war. In seiner Hütte roch es ganz typisch, für mich war es der Geruch des Hundes und deshalb angenehm. Er leckte mir das Gesicht und die Hände, schmiegte sich an mich und ließ mich nur schwer wieder los. Ich liebte ihn. So war das bei meinem Opa.

Heute frage ich mich, wie er, der Dick- und Querkopf, der sich mit allen – und das offenbar mit Lust und Freude – überkreuzte und nichts mit seinem kleinbürgerlichen Umfeld gemein hatte, überhaupt in dem Häuschen leben und scheinbar glücklich sein konnte, zumindest in Frieden mit sich. Oder spielte er mir das alles nur vor, tat er das alles nur für mich, seinen »kleinen Schatz«? Früher war das alles für mich kein Problem, aber heute werde ich aus meinem Opa nicht mehr schlau. Frauen übrigens habe ich bei ihm nie gesehen, und Oma hatte ich nie kennengelernt, sie war schon früh gestorben.

Waren die Ferien vorbei, musste ich wieder zurück, zu Vater, Frau Hoffmann und meinem älteren Bruder. Ich wuchs heran. Später, das bekam ich am Rande aus Telefonaten meines Vaters mit, musste Opa sein Häuschen verlassen und in ein Heim, und irgendwann war er gestorben. Ende der 1960er-Jahre war das gewesen. Zu der Zeit war er schon nicht mehr Teil meines Lebens, meine Welt war längst eine andere geworden, mit Schule, Fußball, Ferienfreizeiten, Pfadfindern.

Und dann, über fünfzig Jahre später, Monate nach dem Tod meines Vaters, der vor vielen Jahren schon nach Kanada gegangen war und zu dem ich keinerlei Kontakt mehr hatte, lag dieser Brief in meinem Kasten. Anwaltliche Post. Das Häuschen – mein Bruder hatte sich längst zu Tode gesoffen, war mit dem Leben nicht klargekommen und hatte immer alles auf seine Kindheit und die Eltern geschoben – wäre meins. Ob ich das Erbe annähme? So kam ich wieder nach Rothenfels, das kleinste Städtchen Bayerns – und fraglos eines der schönsten. Als mich der Brief erreichte, hatte ich es komplett aus der Erinnerung verloren. Ob ich mir das Häuschen denn erst einmal ansehen könne, fragte ich den Anwalt am Telefon. Er nannte mir einen Namen, dieser Herr habe den Schlüssel, ich müsse mich nur mit ihm verabreden.

Ich verband die Besichtigung des Häuschens mit einem verlängerten Wochenende in dieser Maingegend. Packte das Rad hinten aufs Auto, sah mir Karlstadt an und Gemünden und hatte telefonisch in einem Gasthof in Lohr ein Zimmer reserviert. Am späten Nachmittag checkte ich dort in dem altertümlichen Städtchen ein – ich wollte langsam »heimkommen« nach Rothenfels, mir Zeit nehmen, Erinnerungen wieder hervorkramen, mich Opa nähern. Es wurde alles anders, als ich es mir gedacht hatte.

Es begann sofort mit meiner Ankunft. »Da haben Sie ja Glück gehabt mit dem Wetter«, empfing mich der Chef des Gasthofs höchstpersönlich, als ich ihn fragte, ob ich mein Rad – das Auto muss man unten am Main vor der Stadt abstellen – über Nacht im kleinen Innenhof parken könne. »Ja, jetzt ist ja die Sonne noch durchgekommen, aber unterm Tag war es schon noch ein wenig diesig«, antwortete ich belanglos, aber schon war es zu spät. Chemtrails. Deshalb sei es so diesig gewesen. Ob mir das noch nicht aufgefallen sei? Die Kondensstreifen der Flieger würden doch immer mehr, immer breiter und hingen viel länger am Himmel als früher. »Ist reine Chemie. Die wollen uns alle vergiften. Ruhigstellen, dass wir nichts merken. Wird uns aber verschwiegen, obwohl es schon vielfach bewiesen wurde. Von Wissenschaftlern.« Es folgten wissenschaftlich klingende Ausführungen, beeindruckende Zahlen über Tonnen und Zusammensetzungen von Giften, wieder Professoren als Beweis, irgendwelche Namen – und plötzlich war die Bundesrepublik nur eine GmbH, das Grundgesetz nicht gültig und Deutschland ein besetztes Land. Weltverschwörung, geheime Mächte, Marionettenregierung, gesteuerte Wissenschaft, Klimawandellüge, Umvolkung, von langer Hand geplanter Bevölkerungsaustausch, dieser ganze Hirnsumpf, und alles hing mit allem zusammen. Himmelvater! Ja, so mein Gastgeber wichtig und gelehrt, als ob er meine Zweifel spürte, *ein* Wissenschaftler genüge, um die *gesamte* Wissenschaft zu widerlegen. Beispiel? Kopernikus. Noch eines? Galileo. Davon, dass es »die Wissenschaft« vor Kopernikus und Galileo überhaupt noch nicht gegeben hatte: kein Plan. Dass diese beiden mit zu den Begründern der modernen Wissenschaft überhaupt gehörten und bis dahin nur die Kirche festgelegt hatte, was auf der Scheibe der Welt wie und warum stattfindet und stattzufinden habe: nicht den geringsten Dunst. Von Thomas S. Kuhn und seiner *Struktur wissenschaftlicher Revolutionen* – nichts. Dummheit lebt bis heute auf einer Scheibe, und die Sonne dreht sich um sie. Diese Leute können heute reden, wie sie wollen, und doch beschweren sie sich, man nehme ihnen die Meinungsfreiheit – die sie Andersdenkenden sofort nähmen und sie wegsperrten, würde man sie machen lassen. Ich musste an meinen Opa denken, der bei den Nazis damals mehrere Jahre im Gefängnis gesessen hatte, weil er anders dachte und sie Idioten nannte, so hatte es Vater einmal erzählt. Opa selbst hatte nicht über diese Zeit gesprochen. Nie.

Der Kerl schwadronierte endlos vor sich hin. Wie kommt man aus so einem »Gespräch« wieder raus? Gar nicht. Doch dann kam mir das Glück zu Hilfe: Zwei neue Besucher ratterten mit ihren Rollkoffern in den Innenhof, und der allwissensgesegnete Missionschef des Hauses musste sich diesen zuwenden. Weg war ich! Nichts wie hinein ins gemütliche Gewusel des Städtchens. Erst am späten Abend würde ich wieder zurückkommen und mich über den Nebeneingang hinauf in mein Zimmer stehlen.

Zwei Ecken weiter holte ich mir bei einem Italiener ein Eis und wollte mir dann, weil ich darüber gelesen hatte, das *Schneewittchen* ansehen, ein Kunstwerk, das hier in Lohr irgendwo stehen musste. Also sprach ich den erstbesten mir einheimisch anmutenden Passanten an. Wo denn das *Schneewittchen* sei? Wespennest. Abfällige Bemerkungen, Gehässiges, Schmähungen, dann wies man mir vage und unwillig den Weg. Ich musste danach noch mehrere Male fragen, doch wen auch immer ich ansprach, die Reaktion war immer dieselbe. »Des lohnt si ned.« »Kunst soll des sei? A Scheißdreck is des! Und dann ahnu so teuer!« »A

Unverschämtheit!« Ich fand die Skulptur schließlich. Lohr sieht sich ja als Schauplatz des Märchens vom Schneewittchen, und die Lohrer werden mich steinigen, wenn sie mein Urteil je erfahren, aber mir gefiel dieses von Peter Wittstadt geschaffene Kunstwerk außerordentlich. Selten hatte ich eine so kraftvolle, lebensbejahende und auch humorvolle Statue gesehen. Nur den kahlhässlichen Platz, auf den man sie gestellt hatte, empfand ich als eine einzige Beleidigung. Und wieder musste ich ganz instinktiv an meinen Großvater denken. Auch er hätte so eine Skulptur schaffen können, stellte ich mir vor: lustvoll gegen jede Kleinbürgerlichkeit und um sich mit allen anzulegen. Oder verklärte ich ihn? Ich weiß nicht, ob ich ihn je richtig verstanden habe. Jetzt noch viel weniger als vorher. Heute ist er mir eher unheimlich.

Am nächsten Tag fuhr ich die paar Kilometer mainabwärts endlich nach Rothenfels. Ich hatte aus Kindertagen nur noch eine halbwegs konkrete Vorstellung von dem Städtchen, aber es nahm mich sofort gefangen. Eine schmale, enge Kopfsteinpflasterstraße führte in leichtem Schwung durch die zu Füßen der Burg Rothenfels liegende Altstadt. Das Städtchen war viel kleiner, als ich es in Erinnerung hatte. Längst vergangene Bürgerlichkeit ausstrahlende Fachwerkhäuser, das Rathaus ein weit über vierhundert Jahre alter Renaissancebau mit vorgesetzten Säulen, uralte, wunderschöne Geschäftsfassaden wie in Südfrankreich – ich wähnte mich unversehens in einer anderen Zeit. Einer der Ruhe. Und ich erkannte den *Ochsen* wieder, in dem ich für Opa immer die Dannemanns geholt hatte.

Ich schlenderte durch die drei Straßen, mehr hatte die Altstadt nicht. Dass es oben, hinter der über allem thronenden Burg Rothenfels, noch einen weiteren Ortsteil gab, erfuhr ich erst später. Die Hauptstraße, die an der Rückseite der unteren, flussseitigen Häuser parallel dazu verlaufende Mainstraße, und hangseitig die schmale, nur im vorderen Teil befahrbare Obere Gasse oder Gess-Gass, also Geißen- bzw. Ziegengasse, ebenfalls halbwegs parallel zur Haupt- straße – das war's. Von der Hauptstraße aus führten immer wieder steile Treppen zwischen den Häusern hinauf.

Auf dem kleinen Platz vor der Kirche, von dem aus auch die Gess-Gass abging, traf ich mich mit Herrn Braun. Er hatte den Schlüssel und wollte mir das Häuschen meines Großvaters zeigen.

Die Keller der kleinen Häuschen hier seien waagerecht in den Hang hineingegraben, erzählte er mir auf dem Weg, gehörten aber oft nicht den Besitzern der Häuser selbst. Denn früher, so Braun, hätten in den Häuschen die ärme- ren Rothenfelser gewohnt und ihre Keller an die reicheren verkauft, weil diese zwar ihre stattlichen Bauten entlang der Hauptstraße gehabt hätten, deren Keller aber nicht brauch- bar gewesen seien: Sie wurden bei jedem der zwei bis drei jährlichen Hochwasser geflutet. Die Keller hier oben hin- gegen waren hochwassersicher und entsprechend begehrt. Inzwischen aber habe sich das gewandelt, so Braun, seit man auf dem alten Bahndamm unten die Umgehungsstra- ße gebaut und in den Durchlässen Spundwände angebracht habe. Jetzt käme kein Hochwasser mehr in die Stadt. »Und dieses hier«, wir standen gerade vor einem kleinen Häus- chen, »ist das Ihrige«. Ich hatte es schon von Weitem wie- dererkannt.

»Und wem gehört der Keller?«, wollte ich wissen, in der Annahme, auch Opa hätte ihn verkauft.

»Der gehört mit zum Haus«, informierte mich Braun und lachte dabei, »denn dieser Keller ist nicht groß, er führt nicht, wie fast alle anderen hier, nach hinten in den Berg hinein, sondern endet unter der rückwärtigen Giebelwand.«

Er schloss die Türe auf. Den Geruch erkannte ich schlagartig wieder, er war mir sofort vertraut. Langer Rede kurzer Sinn: Keine acht Wochen später war ich Besitzer des Häuschens. Ebenerdiger Eingang von der Gess-Gass aus, links eine schmale, steile Treppe hinauf, darunter ein Verschlag, Bretter, tapeziert, darinnen ein Waschbecken, das WC, ein Heizwächter. Nach drei, vier Metern eine Bretterwand mit Tür, Opas »Keller«, vielleicht acht, neun Meter bis zur Rückseite des Häuschens, eine Mauer, Ende. Die Treppe hoch gut dreißig Quadratmeter unterm Dachstuhl, ein Fenster vorne raus, jeweils eine Gaube links und rechts, eine Tür hinten direkt in den kleinen Hanggarten, wo auch der Schuppen stand. Opas Warnung vor den Ratten fiel mir wieder ein.

Das war das Häuschen. Na ja, andere Zeiten eben und arme Leute. Das alles hatte seinen besonderen Charme. Gehabt. Zwei Jahre ist das jetzt her.

In den folgenden Wochen verbrachte ich viel Zeit in dem Häuschen. Warf die alten Möbel raus und wollte es mir als kleinen Rückzugsort herrichten. Ich isolierte das Dreieck des Dachstuhls, schliff den rohen Holzboden ab und ölte ihn, ersetzte die einfachen Gaubenfenster durch isolierverglaste – es wurde schön. Lauschig und romantisch. Sehr brauchbar für das eine oder andere Wochenende, die eine oder andere Auszeit.

Über den Umbaumaßnahmen war es Herbst geworden und draußen schon längst wieder kühl, aber ich hatte mir vorgenommen, vor dem endgültigen Einbruch der kalten Jahreszeit wenigstens einmal dort zu übernachten.

Während der Renovierungsarbeiten hatte ich in meinem Wohnmobil unten an einem Stellplatz am Fluss geschlafen, denn das hatte eine Dusche. Auch wenn es im Häuschen noch keine Küche gab und nur das alte WC, ich wollte den Schlafplatz ausprobieren. Also brachte ich mir einen Futon mit, rollte ihn unter dem Dachdreieck aus und genoss den puristischen Raum. Weiße Wände, geölter Dielenboden, vorhanglose Fenster mit Blick über die Dächer von Rothenfels und weit über das Maintal, sonst nichts. In dieser ersten Nacht träumte ich seit Langem wieder einmal von meiner Mutter. Sie war, wie sie immer gewesen war: zeterte, schimpfte, keifte, machte mir Vorwürfe, nichts war ihr recht, und alles hatte sich absichtlich gegen sie verschworen. Die Begegnung empfand ich als so real, dass ich darüber noch erstaunt war, als ich erwachte. Das Gefühl dieses Traumes begleitete mich fast den gesamten Tag.

Der Herbst ging, der Winter kam, und ich musste, vielleicht bedingt durch die alte Umgebung, gerade dort draußen immer wieder an sie denken.

Mit Beginn des Frühjahrs begann ich den unteren Bereich herzurichten, das Erdgeschoss. Ich riss die Bretterwand heraus, klopfte den Putz im Raum ab, wollte innen eine Schicht Ytong-Steine anbringen, zur Isolierung, nach und nach dann WC und eine kleine Küche einrichten – ich hatte sehr genaue Vorstellungen, wie alles werden sollte. Ich klopfte das ganze Wochenende durch, das störte hier niemanden, denn ich hämmerte ja quasi unter der Erde. Der Container draußen wurde voller und voller, und ich wurde, weil der Putz ungewohnt leicht von der Wand und die Arbeiten deshalb schnell von der Hand gingen, von einer Welle der Euphorie getragen. Jeder, der einmal gebaut hat, kennt dieses Gefühl.

An der hinteren, den Keller abschließenden Wand jedoch wurde ich in meinem Eifer gebremst: Sie bestand aus massiven, gefügten Sandsteinquadern, und an diesen haftete zäh der alte Verputz. Ich kam nur noch zentimeterweise vorwärts – bis auf eine Stelle mitten an der Wand, unter der es hohl klang, weil sich der Putz abgelöst hatte. Diese schlug ich ab – und traf auf Ziegelmauerwerk. Ein zugemauerter Türdurchgang, stellte sich heraus. Ist der Keller vielleicht doch größer, fragte ich mich? Führt er vielleicht, wie bei den Nachbarhäusern, weiter in den Berg hinein? Es war, als hätte ich einen Schatz entdeckt. Mit Fäustel und Meißel bearbeitete ich einen Ziegel und seine Mauerfugen, lockerte ihn, und schließlich, nach mehrmaligem kräftigen Zuschlagen, purzelte er nach hinten und verschwand polternd in seinem schwarzen Loch. Ja, dahinter lag ein Keller! Ich jubilierte. Ich hatte etwas gefunden, von dem niemand etwas ahnte. Mit der Baustellenlampe leuchtete ich ins Dunkel. Nur Fels und tanzender Staub. Ich lockerte zwei, drei weitere Steine und schlug sie hinein, leuchtete wieder. Erkannte ein paar undefinierbare Gegenstände. Müll. Einen Haufen Säcke oder Lumpen, ein paar Holzkisten, einen alten Stuhl. Euphorisiert klopfte ich das Loch größer, Steine purzelten nach hinten, Staub legte sich auf die Bronchien. Endlich war das Loch groß genug, dass ich mich durchzwängen konnte. Mit der Baustellenlampe stieg ich hindurch, zog das Kabel hinter mir her und leuchtete den Kellerraum aus. Vielleicht fünfzehn Meter, schätzte ich, führte der Stollen in den Berg. Überall tanzte Staub. Ich ließ den Schein der Lampe durch den Keller gleiten. Wie wahllos hatte man hier Dinge hinterlassen, so kam es mir vor, und dann irgendwann eingemauert. Aber warum? Ich stöberte in einer der Kisten. Alte Lumpen, ein Lampenschirm, Kleinteile, Schrott. Auch in

den anderen. Ein paar Flaschen lagen herum, unregelmä-
ßiges Glas, handgemacht noch von früher, kaputte Bügel-
verschlüsse. Ein Gurken- oder Sauerkrauttopf, Steingut,
mit Wasserrand, lag zerbrochen neben dem Haufen Säcke
hinten, auf einer Kiste ein Kuvert, irgendwelche Papiere darin. Nein, Schätze waren hier nicht zu finden, so mein erster
Eindruck. Fast ein wenig enttäuscht stieg ich wieder hinaus,
nur das Kuvert nahm ich mit, die Neugier. Die Sachen würde ich mir später sicher genauer ansehen. Ich schmiss die
Arbeitshandschuhe auf den Tisch, schüttelte mir den Staub
aus den Haaren, klopfte ihn von meinen Arbeitsklamotten
und machte mir ein Bier auf. Das hatte ich mir jetzt verdient.

Ich sah hinüber zu dem schwarzen Loch, aus dem spür-
bar kältere Luft quoll. Warum mauert man so einen Keller
zu? Wahrscheinlich genau deswegen: Weil dort nur Kälte herauskommt. Hier würde ich eine dicke Tür einbauen
müssen, aber ich freute mich: Jetzt war ich Besitzer eines
echten Kellers. Irgendwann nahm ich mir das alte Kuvert
vor, wischte mit der Hand über die dünne Staubschicht,
sah hinein. Nichts außer einem alten, grauen, labberigen
Führerschein. Ich faltete ihn auf – und schlug ihn sofort
wieder zu. Verwirrt, aber auch gebannt, elektrisiert. An-
satzlos schwirrten mir tausend Gedanken durch den Kopf.
Es brauchte ein paar Sekunden, bis ich wieder gefasst war
und ihn erneut aufschlug. Es war der Schein meiner Mutter.
Bild, Name, Geburtsdatum, alles stimmte, kein Zweifel.

Was war hier los? Wie kam dieser Führerschein in diesen zugemauerten Keller? Ein ungeheuerlicher Verdacht
machte sich breit. Ich sah hinüber zu dem Loch, aus dem
die Kälte strömte.

Es half nichts, ich musste dort wieder hinein. Aber ich
brauchte noch ein halbes Bier, bevor ich mich aufraffen

konnte, mich traute. Dann gab ich mir einen Stoß, stellte die Baustellenlampe hinein, 400 Watt helles Licht – ich brauchte jetzt Helligkeit, als ob mich das schützen könnte –, nahm noch die starke Stabtaschenlampe und stieg erneut durch das Loch. Sah mich um. Die Kisten, der Gurkentopf, der Stuhl, die Blechteile, meine Augen trauten sich fast nicht weiter.

Dann der Haufen Decken oder Säcke im hinteren Teil. Warum versuchte ich eigentlich, kein Geräusch zu machen, mich leise zu bewegen? Ich hatte Angst. Eine grässliche Befürchtung. Vorsichtig stieß ich mit dem Fuß gegen den staubigen Haufen, als vermutete ich darin Ratten. Doch nichts geschah. Warum auch sollten in einem zugemauerten Keller Ratten sein? Ich riss mich zusammen, bückte mich und hob mit den Fingerspitzen die zuoberst liegende Decke an, leuchtete mit der Lampe – und schlagartig stockte mir der Atem: eine mumifizierte Hand, ich hatte es sofort erkannt. Ich hatte die Bilder aus der Krypta der Chiesa Madre di San Nicolò in Gangi, Sizilien, noch deutlich vor Augen. Dort hatte ich im letzten Jahr stundenlang und hautnah mumifizierte Körper betrachtet, schaudernd und fasziniert zugleich. Denn in Gangi hatten sie jeden einzelnen ihrer Pfarrer der letzten dreihundert Jahre ausgeweidet, getrocknet, mumifiziert und in vollem Gewand in der Krypta an die Wand gestellt und festgebunden, einen neben den anderen, jeder in seiner eigenen Nische. Ledrige, verhärtete Haut, eng um die Knochen gespannt. Manchmal löchrig und zerfranst, die Lippen oftmals abgefressen, gelblange Zähne in Kiefern fletschend, die Augenhöhlen leer, die Köpfe bisweilen mit Draht hochgebunden. Eine dicke Fliege war damals durch die Krypta getorkelt, erinnerte ich mich.

Wenn ... – mein Gott, ja, dann musste der Rest auch da sein. Ich zwang mich und lupfte, Abstand haltend, mit einem Stöckchen das Ende eines der Säcke an ... der alte Stoff rutschte zur Seite ... ein Hinterkopf erschien, langes Haar ... Entsetzt wandte ich mich ab und stürzte hinaus ans Licht, in den Sommersonntagnachmittag. Atmete tief durch, versuchte mich zu beruhigen. Von Mariä Himmelfahrt drüben läuteten gerade die Glocken. Im Keller lag eine Leiche, kein Zweifel. Womöglich die Leiche von Mutter? Ich sträubte mich gegen den Gedanken, aber wieso sonst das Kuvert, der Führerschein? Doch – wie kam sie dorthin? War deswegen der Keller zugemauert worden ... hatte vielleicht mein so geliebter Opa ...? Was war hier geschehen? Mutter war doch ins Wasser gegangen ...

Ich brauchte ein paar Minuten, um mich zu fangen. Und jetzt? Nichts und niemand hätte mich an diesem Tag mehr in den Keller zurückgebracht. Noch am selben Nachmittag reiste ich ab, Hals über Kopf. Verwirrt, aufgewühlt, voller Fragen. Das Loch in der Wand blieb offen. Die Haustüre versperrt, überließ ich das Häuschen sich selbst. Es sollte über drei Wochen dauern, bis ich das nächste Mal dorthin zurückfuhr, und es kostete mich Überwindung.

In der Zwischenzeit hatte ich viel recherchiert. War bei der Polizei gewesen und hatte nachgefragt, ob es noch irgendwelche Akten zu dem Vermisstenfall meiner Mutter gab. Gab es natürlich nicht nach rund sechzig Jahren. Warum ich jetzt damit käme? Aus reinem Interesse, log ich und bedankte mich. Danach stöberte ich im Zeitungsarchiv und fand auch etliche Meldungen. Sie brachten nichts grundsätzlich Neues – bis auf ein paar interessante Details. Mutter war vermisst gewesen, das Auto hatte man gefunden, Vater hatte man kurzzeitig verdächtigt, der Verdacht jedoch wurde sehr schnell fallen gelassen, da er zu jener Zeit auf Dienstreise gewesen war. Sie hätten eine gute Ehe geführt, hieß es in einem Artikel, und selbst das nächste Umfeld habe keinerlei Anzeichen für eine Depression sehen können. So etwas aber sei nicht so selten, zitierte man einen Psychologen. Bei Menschen mit Depression beobachte man durchaus öfter, dass sie ihre Erkrankung selbst vor engsten Angehörigen verbergen. Und dass sie sich ab dem Moment befreit fühlten, in dem sie den Entschluss gefasst hätten, ihr Leben zu beenden. Die Beobachtung eines Rothenfelsers, er habe Vater »vielleicht« gesehen, wurde seitens der Behörden als sehr zweifelhaft eingestuft, entnahm ich einer weiteren Meldung, denn der »angebliche« Zeuge sei zu dem Zeitpunkt betrunken gewesen. Zudem habe er seine »angebliche« Beobachtung in der Dunkelheit der Nacht gemacht. Über Opa fand ich nichts außer einer kurzen Bemerkung, in der er beteuerte, seine Schwiegertochter damals schon seit Wochen nicht mehr gesehen zu haben. Und ein Satz blieb bei mir hängen: »Sie war keine gute Frau.«

In diesen Wochen quälten mich meine Gedanken. In meiner Erinnerung war Vater nicht auf Dienstreise, sondern die ganze Zeit daheim gewesen. Doch was kann man schon auf Erinnerungen geben? Auch hatten Vater und Mutter oft Streit gehabt, von wegen »gute« oder »harmonische Ehe«. Und dann der Jähzorn Vaters, seine Gewaltausbrüche auch gegen uns Kinder ... Hatte er vielleicht Mutter erschlagen? Doch wie war sie dann in Opas Keller gekommen? Eingemauert? Fest stand: Opa muss davon gewusst haben. *Mein* Opa.

Auch Opas Aussage »Sie war keine gute Frau« gab mir viel zu denken. Selbst wenn er vielleicht recht hatte: Warum sagt man so etwas? Ich kann mich nicht erinnern, dass er je schlecht über Mutter geredet hätte, und um mich hat er sich immer gut gekümmert. Sehr liebevoll, nachsichtig, voller Verständnis. Mein Opa war für mich wie ein Heiliger. Vielleicht hatte er etwas gutzumachen? Und warum hat er uns beim Spielen im alten Schuppen hinterm Haus immer vor den Ratten gewarnt?

Solche Fragen haben mich lange gequält, aber sie ergeben wenig Sinn. Doch je mehr ich darüber nachdachte, desto mehr wurde mir bewusst, dass das Verhältnis zwischen Opa und Vater nicht das Beste gewesen war. In Gegenwart von Opa war Vater immer still. Verdächtig still, würde ich heute sagen. Welches Drama hatte sich damals abgespielt – zwischen Vater und Mutter, zwischen Opa und Mutter, zwischen allen dreien? Niemand wird mir je diese Fragen beantworten können.

Als ich mich nach über drei Wochen endlich wieder zu dem Häuschen zurücktraute, war ich nicht allein. Ein sehr guter Freund, ein angesehener Pathologe, dem ich mich anvertraut hatte, begleitete mich. Und während ich nervös eine rauchend auf der Gess-Gass auf und ab ging, begab er sich hinein und stieg mit der Lampe durch das Loch. Er wollte ein paar dieser Haare sicherstellen, die ich gesehen hatte. Ein paar Gewebeproben entnehmen. Und sich den vertrockneten Leichnam näher ansehen. Er brauchte weit über eine Stunde, bis er wieder aus dem Keller kam. Und er sagte nichts.

Schon am nächsten Tag rief er mich an: »Der Leichnam im Keller ist nicht der deiner Mutter.«

»Nicht?!« Jetzt war ich gänzlich verwirrt.

»Nein, ganz sicher nicht.« Es sei die Leiche einer etwa zwanzig-, fünfundzwanzigjährigen Frau, und, das habe er schon bei der Haarentnahme festgestellt, mir aber gestern erst einmal verschwiegen: Sie sei ganz sicher erschlagen worden, ihre Schädeldecke war zertrümmert.

Ich brauchte ein halbes Jahr, bis ich wieder zurück in das Häuschen konnte. Aber nur, um die Wand wieder zuzumauern und zu verputzen, den übrigen Ausbau ließ ich von einer Firma machen. Den Keller selbst habe ich nicht mehr betreten.

Hätte ich vielleicht zur Polizei gehen sollen? Mir Ärger einhandeln? Nein, darauf hatte ich keine Lust. Aber ich suchte. Forschte wieder im Zeitungsarchiv – und stieß auf die Geschichte zweier vermisster Mädchen, beide aus Rothenfels. Die eine, Rosi Braun, galt seit dem Spätherbst 1952 als verschollen. Sie soll ein »leichtes Mädchen« gewesen sein, so schrieb es damals die Zeitung. Die andere, Lieselotte Heindl, seit Frühjahr 1954, »üppig gebaut«.

Warum hatte uns Opa immer vor den Ratten gewarnt? Hatte er …?

Doch wenn es eine der beiden war? Wo war dann die andere? Noch tiefer hinten im Keller? Das Loch hatte ich längst zugemauert.

Ich selber habe seither nie wieder in dem Häuschen übernachtet, aber ich vermiete es. Wer dort, im wunderschönen Rothenfels, einmal ein Wochenende verbringen will oder einen ganzen Sommer: Rufen Sie mich einfach an.

Renate Eckert

Späte Liebe

Schweinfurt

Die Kerze, die Alma vor dem Bild ihrer Mutter angezündet hatte, war heruntergebrannt, und Alma blies sie aus. Sie lächelte dem Konterfei ihrer Mutter zu, zupfte das schwarze Seidenband gerade, das sie über die linke Ecke des Fotos drapiert hatte, und nahm den Rotweinkuchen aus dem Backofen. Mit den Händen verteilte sie den Schwall feuchter Luft, der ihre Brille beschlagen ließ, und verbrannte sich an der heißen Backform die Finger.

Du ungeschicktes, tölpelhaftes Mädchen, hörte sie die Stimme der Verstorbenen.

Mit einem Schmerzenslaut warf Alma die gehäkelten Topflappen in die Ecke und hielt die Hände unter kaltes Wasser. Stirnrunzelnd drehte sie das Bild ihrer Mutter um. Sie musste sich nichts vorwerfen, dachte sie, als sie den Kuchen aus der Form löste und zum Auskühlen auf ein Tuch stellte. Sie hatte die Mutter bis zum Ende gepflegt und ihr die schlimmen Schmerzen, die der Tumor in ihrem Bauch verursachte, so gut gelindert, wie sie es vermochte.

Alma ging ins Badezimmer und betrachtete prüfend ihr Gesicht im Spiegel, sah ihre gerade, etwas zu groß geratene Nase, das feine Netz von Falten um ihre Augen, ihre vollen Lippen. Aber das Schönste an ihrem Gesicht waren ihre Augen. Eigentlich sah sie noch ganz gut aus.

Irgendwo in der Schublade fand sie einen Lippenstift und trug ihn auf. Sie verschmierte die weiche Masse und wischte sie wieder ab.

Ich bin wirklich ungeschickt, ging es ihr durch den Kopf.

An Frauen wie dir sind Männer nicht interessiert, Alma, sie fliegen nun einmal auf blonde Flittchen, hörte sie ihre Mutter sagen.

»Nicht alle Männer sind so«, antwortete sie trotzig. So hatte sie es schon als Zwanzigjährige getan.

Beherzt ging sie in die Küche, packte den Rotweinkuchen in Alufolie, legte ihn zusammen mit einer Flasche Wein in einen Korb und machte sich auf den Weg zu ihrem Dienst im Altenheim. Schon halb aus der Tür, verharrte sie kurz, ging zurück ins Bad und steckte mit einer fast verschämten Geste den Lippenstift in die Manteltasche.

Der Schneeregen hatte aufgehört, aber es schien kälter geworden zu sein, und der Matsch knirschte festgefroren unter ihren Füßen.

Vom nahen Weihnachtsmarkt erreichte sie die Musik eines Posaunenchores. Sie ging über die Obere Straße zum Marktplatz und umrundete dabei eine Rauchergruppe vor dem *Brauhaus*. Ihr Blick fiel auf das Schweinfurter Renaissancerathaus, das in weihnachtlichem Glanz erstrahlte. Sie ging an einem Streichelzoo vorbei, vor dem ein Kinderchor voller Inbrunst *Gloria in excelsis Deo* sang. Alma musste schlucken – sie konnte nicht genau ausmachen, ob es Rührung oder Stolz war, was sie gerade spürte. Es waren viel mehr Besucher da als noch am Vormittag nach ihrer Frühschicht. Die meisten standen in Trauben vor den Bratwurst- oder Glühweinständen.

Der riesige Weihnachtsbaum vor der Buchhandlung Collibri zog sie an, und spontan ging sie in den Laden. Dort stand – wie jedes Jahr im Advent – ein kleiner Tannenbaum mit kleinen Karten und Päckchen, auf denen Buchgeschenke für bedürftige Kinder aufgelistet waren. Alma kaufte einen Gutschein für einen *Sams*-Band des berühmten Schweinfurter Kinderbuchautors Paul Maar.

Bevor sie in die Spitalstraße einbog, verhielt sie ihren Schritt. War es jetzt wirklich schon wieder ein ganzes Jahr her, dieses richtungsweisende Weihnachtskonzert in der Rathausdiele? Sie hatte es sich gegönnt, obwohl sie nun wirklich nicht im Geld schwamm. Und es hatte sich ausgezahlt. Carl Schanz, der herausragende ehemalige Pianist der Bamberger Symphoniker, hatte trotz Ruhestand Bachs *Goldberg-Variationen* gespielt.

Sie war damals noch eine Weile in ihrem Golf sitzen geblieben, hatte das Konzert nachklingen lassen. Als sie aus der Tiefgarage des Museums Georg Schäfer fuhr, sah sie ihn. Er saß auf einem Blumenkasten, die Aktentasche war auf den Boden gefallen. Er wischte sich den Schweiß von der Stirn.

Alle ihre pflegerischen Instinkte waren erwacht. Dankbar hatte er ihr Angebot, ihn heimzufahren, angenommen. Er war erschöpft gewesen, hatte sich aber nach einem Glas Brandy schnell erholt. Er lebe nach dem Tod seiner Frau allein, hatte er ihr anvertraut. Sie gratulierte sich noch heute dazu, dass es ihr gelungen war, ihn vom Haus Spätsommer zu überzeugen. Seitdem lebte er in dem Altenheim unter ihrer ganz persönlichen Pflege. Viele tiefschürfende Gespräche hatten sie seither geführt, und sie gab es gerne zu: Der Besuch bei Carl Schanz war der Höhepunkt ihres Abenddienstes.

Alma schlug ihren Mantelkragen hoch und ging durch die Spitalstraße zum Altenheim. Alarmiert blieb sie in der kleinen Gasse stehen: Vor dem Eingang parkte ein Polizeiwagen.

Von der Straße aus konnte sie sehen, dass der Speisesaal hell erleuchtet war. Sie kramte in ihrer Handtasche und klingelte, als sie ihren Schlüssel nicht fand. Es dauerte viel zu lange, bis sie auf ihr Klingeln hin Schritte hörte. Margot, abgehetzt und verschwitzt, öffnete. »Alma, dich schickt der Himmel!«

Margots Gesicht, das Alma normalerweise an die Kühle einer nordischen Schneelandschaft erinnerte, war gerötet, und mit einer unwirschen Geste strich sie sich das halblange, blonde Haar hinter die Ohren.

»Was macht denn die Polizei hier?«

»Komm am besten gleich mit und mach dir selbst ein Bild.«

Margot nahm Alma Mantel und Korb ab und legte beides auf einen Stuhl im Schwesternzimmer.

»In dem ganzen Tumult heute Nachmittag wurde offenbar Frau Baumgartners Geldbeutel mit mehr als dreihundert Euro aus ihrer Handtasche gestohlen. Zuletzt hat sie ihn gestern Abend gesehen. Und jetzt befragt die Polizei die arme Frau, als wäre sie selbst eine Schwerverbrecherin.«

Völlig aufgelöst saß Frau Baumgartner in ihrem Bett, ihre grauen Haare standen in Büscheln ab, das Bettjäckchen war voller Flecken.

»Wie können Sie Ihre Handtasche unbeaufsichtigt an eine Stuhllehne hängen?«, fragte einer der Beamten vorwurfsvoll. Zusätzlich saß eine uniformierte Frau mit einem Notizbuch im Besuchersessel.

»Ich habe mich mit meiner Tochter unterhalten.«

»Und die hat auch nicht bemerkt, dass sich jemand an der Tasche zu schaffen gemacht hat?«

»Nein.« Frau Baumgartner hatte Tränen in den Augen.

»So reden wir hier nicht mit unseren Bewohnern«, schaltete sich Alma resolut ein. »Wir sollten das Verhör jetzt abbrechen, Sie sehen doch, dass die arme Frau kurz vor dem Zusammenbruch steht. Wollen Sie es etwa verantworten, wenn sie mit dem Notarzt ins Krankenhaus gebracht werden muss?«

»Und wer sind Sie?«, fragte der Polizist mit scharfer Stimme.

»Die Pflegedienstleiterin, eben angekommen. Sie werden nichts erreichen, wenn Sie Frau Baumgartner so zusetzen.«

»Sie hat recht«, schaltete sich die Polizistin ein. »Wir haben ja einige Namen. Vielleicht sollten wir erst die Gäste von heute Nachmittag befragen.«

Sie stand auf und gab Frau Baumgartner die Hand. »Entschuldigen Sie, auch wir tun nur unsere Pflicht.« Sie winkte ihrem Kollegen. »Versuchen Sie sich erst einmal zu beruhigen, vielleicht kommen wir morgen noch einmal.« Damit verließen die Polizisten den kleinen Raum.

Mit einem Seufzer der Erleichterung ließ sich Frau Baumgartner in die Kissen fallen, und ein Lächeln glitt über ihre Züge. »Welch ein Glück, dass Sie endlich da sind. Ich habe nachmittags schon zu meiner Tochter gesagt, wenn meine Alma Dienst gehabt hätte, wäre das alles nicht passiert.«

Alma nahm einen Stuhl und setzte sich der alten Dame gegenüber, wobei sie sanft ihre Hand streichelte. »Es tut mir leid, dass Sie sich so aufregen mussten.«

»Wer tut denn einer alten Frau so etwas Böses an?«, schluchzte Frau Baumgartner.

»Ich weiß nicht«, antwortete Alma, »aber Sie sollten sich nicht grämen. Wenn die Polizei den Dieb nicht findet, werde ich eine Sammelaktion im Haus starten, damit Sie wenigstens Ihr Geld wiederbekommen. So, und jetzt ist Schluss mit diesem aufreibenden Thema. Ich gebe Ihnen heute ein leichtes Schlafmittel, damit Sie nicht die halbe Nacht grübeln. Morgen sieht die Welt schon wieder anders aus.«

Kurz darauf folgte Alma Margot ins Schwesternzimmer, wo sich ihre Kolleginnen aufgeregt unterhielten, was in der Tat ungewöhnlich war. Um diese Zeit sollten sie eigentlich wie emsige Bienen von Zimmer zu Zimmer schwärmen, um Pflegebedürftige zu waschen, zu füttern und für die Nacht zu betten. Der Pflegeplan sah vor, dass diese Aufgaben noch vom Tagesdienst erledigt wurden. Der Nachtdienst hatte für die Medikamentenausgabe zu sorgen.

»Wir brauchen dringend mehr Personal«, wandte sich Alma an ihre Kolleginnen, während sie sich umzog, »vor allem, wenn so etwas Außergewöhnliches wie eine Adventsfeier ansteht.«

»Da sagst du was«, gab Margot zurück. »Aber entschuldige erst einmal diese überfallartige Begrüßung, zumal dein Dienst ja eigentlich erst in einer Stunde beginnt. Du bist unser Fels in der Brandung, Alma. Allein, dass du hier bist, wird die alten Leutchen schon beruhigen.«

Isolde, eine kleine, stämmige Russlanddeutsche, deren dunkles, gelocktes Haar auch durch den neuen Kurzhaarschnitt nicht zu bändigen war, ging auf Alma zu: »Sie fragen schon den ganzen Nachmittag nach dir.«

Alma hatte inzwischen ihren weißen Kittel angezogen und war in ihre Birkenstock-Sandalen geschlüpft. »Ich werde gleich einen kurzen Rundgang machen.«

Sie wandte sich zur Tür, doch Isabella hielt sie auf. »Nein – jetzt trinken Sie doch erst einmal eine Tasse Kaffee und essen Sie einen Lebkuchen.« Mit sanfter Gewalt dirigierte sie Alma zu dem einzigen nicht besetzten Stuhl am Tisch.

Alma setzte sich, verblüfft von der unerwarteten Fürsorge. Obwohl sie sich gerne zugutehielt, einen offenen und freundschaftlichen Kontakt zu ihren Kolleginnen zu pflegen, musste sie einräumen, dass sie zu Isabella – oder

Bella, wie sie lieber genannt wurde – nur schwer Zugang fand.

Bella war – Zufall oder nicht – die Inkarnation ihres Namens. Sie passte nach Almas Einschätzung in ein Altenheim wie ein Rassepferd in einen Kuhstall. Groß gewachsen und schlank, mit olivfarbener Haut, schwarzen Mandelaugen und schweren, glatten Haaren, die wie poliertes Ebenholz glänzten, war sie die klassische Titelbildschönheit. Alma empfand ihre Anwesenheit unter all der bedürftigen Hinfälligkeit wie pure Provokation. Bella trug ihre Schwesternkleidung wie ein Designermodel, und Alma musste regelmäßig an sich halten, um sie nicht zu kritisieren. Oder war es etwa nötig, enge, fast durchsichtige Hosen zu tragen, sodass sich der Slip darunter abzeichnete? Warum bemerkten ihre Kolleginnen Bellas aufreizendes Gehabe nicht?

Aber sie würde Bellas Auftreten vorerst nicht thematisieren. Sie wollte um keinen Preis neidisch erscheinen, weil sie es ganz einfach nicht war. Aber vielleicht hätte man ihr genau das unterstellt und ihr nicht abgenommen, dass es ihr nur um das Grundprinzip einfachsten Anstands ging.

Bella legte also einen Lebkuchen auf Almas Teller und goss eine Tasse Kaffee ein. Almas Weltbild geriet ins Wanken. Es war nicht nur, dass sich jemand um sie kümmerte, ganz gewiss nicht. Aber hätte sie etwa gewusst, wie Bella ihren Kaffee trank? Sie musste verneinen. Ihre junge Kollegin jedoch gab zwei Stücke Zucker hinein, nur wenig Milch – ganz wie Alma ihren Kaffee mochte –, und stellte die Tasse vor sie hin. »Wenn Sie schon Ihre Freizeit opfern«, lächelte Bella entwaffnend, »ist es doch das Mindeste, dass wir Sie nicht ausschließen. Die Lebkuchen habe ich selbst gebacken.«

Margots Pager piepte. Sie warf einen Blick auf das Gerät und winkte Alma, ihr zu folgen.

»Unser aller Chef erwartet jemanden von der Pflegedienstleitung im Büro. Ich weiß ja, dass du offiziell noch gar nicht da bist, aber würdest du dieses Gespräch bitte übernehmen? Du wirst besser mit ihm fertig als ich.«

Täuschte sich Alma, oder war da ein leicht gehässiger Unterton in Margots Bemerkung? Sie strich stirnrunzelnd ihren Kittel glatt. Was mochte der Chef an einem Sonntagabend zu besprechen haben? Es war ein mehr als außergewöhnlicher Zeitpunkt.

Entschlossen klopfte sie. Dr. Franz Berendt, Chef und Eigentümer des Hauses Spätsommer, saß an seinem Schreibtisch und sah sie zornig an. Eine Ader auf seiner Stirn war auffallend geschwollen. »Ich habe Sie hergebeten, weil ich Ihnen die Verantwortung für die Pflege in unserem Haus übertragen habe«, kam er gleich zur Sache. »Was war denn heute Nachmittag hier los? Polizei in unserem Haus? Offensichtlich sind Sie Ihrer Aufgabe nicht gerecht geworden.«

Alma fühlte, wie Hitze ihr Gesicht entflammte. »Aber ich hatte doch gar keinen Dienst«, begann sie sich zu rechtfertigen.

»Danach habe ich nicht gefragt«, zischte er. »Ich darf doch davon ausgehen, dass Sie als Pflegeleitung Ihre Mitarbeiter jederzeit im Griff haben, also auch, wenn Sie nicht da sind. Ich habe gerade einen Anruf vom Leiter der Polizeiinspektion erhalten. Es hat mich viel Überredungskunst gekostet, dass der Vorfall nicht im Polizeibericht der Zeitung erscheint. Solche Schlagzeilen brauchen wir wirklich nicht.«

»Ja, aber ...«, begann Alma erneut und wurde wieder unterbrochen.

»Verschonen Sie mich mit Ausreden und schauen Sie, dass zukünftig solche Zwischenfälle nicht mehr vorkommen. Haben wir uns verstanden?«

Alma hätte darauf hinweisen können, dass sie ohnehin zu wenig Pflegekräfte hatten und sie selbst viel zu viele Überstunden einbrachte, aber sie schluckte die Kröte.

»Sie können sich auf mich verlassen, konnten das immer«, presste sie hervor. »In Zukunft werden wir besser achtgeben.«

»Davon bin ich überzeugt.« Dr. Berendt räusperte sich. »Aber da ist noch etwas. Offensichtlich haben sich Angehörige darüber beschwert, dass die alten Leute in Jogginganzügen im Rollstuhl säßen. Das geht gar nicht. Wir sind eine Seniorenresidenz, die die Menschenwürde an erste Stelle setzt. Achten Sie künftig darauf.« Er stand auf und schob seinen Sessel unter den Schreibtisch. »Das war alles, Sie können jetzt gehen.«

Alma würgte an ihrer Enttäuschung. Sie brauchte jetzt erst einmal frische Luft. Ohne Mantel ging sie vor die Tür. Der Wind wehte den Duft gebrannter Mandeln vom Weihnachtsmarkt zu ihr. War es dieser Duft oder die Enttäuschung von eben – plötzlich stand eine Episode aus ihrer Kindheit wie ein Monument vor ihrem geistigen Auge.

Sie sah sich an der Hand ihres Vaters durch die engen Verkaufsgassen des Weihnachtsmarktes gehen. Vor dem Stand mit gebrannten Mandeln blieben sie stehen, und ihr Vater kaufte ihr ohne große Worte eine Tüte. Es hatte zu regnen begonnen damals, und ihre Mutter drängte sie beide vorwärts. *Wir werden klatschnass*, keifte ihre Stimme. *Ihr trödelt.*

Ihr Vater zog sie durch die immer dichter werdende Menschenmenge. Ein Unbekannter drehte sich unverhofft um, rempelte Alma an, und die Tüte fiel ihr aus der Hand. Die Mandeln verteilten sich auf dem nassen, schmutzigen Straßenpflaster. Almas Blick fiel auf die Mutter, doch die gefürchtete Ohrfeige blieb aus. Stattdessen hob sie die Tüte auf und befahl Alma kühl lächelnd, jede einzelne Mandel aufzusammeln.

Auch das spätere Abendessen war Alma plötzlich wieder präsent. Sie sah die kostbaren Porzellanteller, daneben die Servietten und die Mandeln auf dem Teller. *Wir wollen doch unser kleines Mädchen ein wenig Dankbarkeit lehren*, sagte die Mutter und zwang sie, alle schmutzigen Mandeln aufzuessen, bis sie sich wieder und wieder auf der Toilette übergab.

Alma schüttelte die Erinnerung ab und ging wieder hinein.

Noch als ihre Kolleginnen längst mit der Abendtoilette der Patienten beschäftigt waren und Alma sich auf die Medikamentenausgabe konzentrieren musste, grübelte sie über das Verhalten ihres Chefs. Es hatte keinen Sinn, sich zu beschweren. Sie brauchte einen Erfolg, und zwar in allernächster Zeit. Sie hatte doch einen guten Draht zum medizinischen Dienst. Wie wäre es mit einer zusätzlichen Bewertung des Heims? Ein kleiner Anruf könnte Wunder wirken.

Nach diesem Entschluss fand sie einen Teil ihres Seelenfriedens wieder. Akribisch kontrollierte sie die Nachtmedikamente und ordnete sie auf dem Wagen, mit dem sie ihren Rundgang beginnen würde. Der abendliche Besuch bei ihren Patienten war der schönste Abschnitt des Tages und der Aspekt ihrer Arbeit, der ihr am meisten Freude bereitete. Nahezu alle ihrer Schützlinge waren so dankbar für jede Handreichung, so glücklich über ein freundliches Wort.

Bevor sie sich auf den Weg machte, löste sie ihren Rotweinkuchen aus der Alufolie, legte ihn auf einen Kristallteller und schnitt ihn auf. Sie deponierte ihn im hinteren Teil des Medikamentenschrankes, denn für den Kuchen hatte sie eine ganz besondere Verwendung. Alma fühlte ihr Herz schneller schlagen, wenn sie an die intime Plauderstunde dachte, die auf sie wartete.

Der erste Besuch erforderte Almas ganzen Mut, zu sehr berührte sie immer wieder das Schicksal von Frau Krause, die, erst Anfang sechzig, vom Krebs zerfressen auf den Tod wartete und dabei niemals klagte. Sie schien zu schlafen, als Alma ihre Infusion prüfte und die Nachtdosis Morphium mit einer Spritze in den Infusionsbeutel injizierte. Sie legte das kleine Päckchen, das sie für die Schwerkranke mitgebracht hatte, zurück auf den Wagen und war schon im Begriff zu gehen, als sie die leise Stimme Frau Krauses zurückhielt. »Gehen Sie bitte noch nicht, Schwester Alma, ich schlafe nicht und freue mich schon den ganzen Tag auf ein paar Worte mit Ihnen. Wir wissen doch beide, dass wir uns nicht mehr lange unterhalten können.«

»So dürfen Sie nicht reden, Frau Krause – Sie sind doch eine Kämpferin, und mit Ihrem guten Herzen werden Sie hier noch alle überleben«, log Alma und sah, wie ein Leuchten das Gesicht der Kranken strahlen ließ. Sie nahm ihre Hand mit den zerbrechlichen Knochen und der Haut wie Pergament und wärmte sie.

»Ich habe Ihnen ein Paar Socken mitgebracht, weich und warm, dass Ihre Füße nicht mehr so kalt sein müssen.«

Frau Krause nahm die Socken und hielt sie an ihre Wangen. »Vielen Dank, Alma – Sie haben mir eine große Freude gemacht. Sie fühlen sich genauso sanft an wie Pauls Streicheln. Wissen Sie, mein Paul konnte sehr zärtlich sein.«

Anna Krauses Blick ging in die Ferne.

Alma schoss das Blut in die Wangen. Sie fragte sich, ob es nur Scham war, die sie erröten ließ. Unwillkürlich erschien ein markanter Männerkopf mit dichten weißen Haaren in ihrer Phantasie. Die Vorstellung von starken Muskeln unter behaarter Männerbrust bescherte ihr Gänsehaut.

Alma fühlte ein Ziehen in ihrem Unterleib, und der Drang, sich zwischen ihren Beinen zu berühren, war nur schwer zu verhindern.

»Alma, Sie hören mir ja gar nicht zu«, riss sie die Stimme von Frau Krause aus ihrem Wachtraum. Alma verabschiedete sich mit glühenden Ohren und hastete zur Toilette.

Etwa zwei Stunden später beendete Alma ihren Rundgang und ging in die Küche, um die Weinflasche zu öffnen. Es war später als gedacht, aber nicht zu spät. Sie wusste, dass er auf sie warten würde. Sie nahm die Weinflasche, zwei Gläser und den Kuchen und legte alles in einen Korb. Dann löschte sie das Licht in der Küche und ging den stillen Gang entlang. Vorsichtig öffnete sie die Tür zum Einzelzimmer einen Spalt und sah hinein.

Bella stand vor dem Bett ihres Lieblingspatienten. Sie hatte ihre Schwesternkleidung gegen einen Minirock und ein enges Shirt mit gewagtem Ausschnitt eingetauscht. Ihre Beine steckten in ihren üblichen engen Stiefeln. Alma stockte der Atem, als sie sah, wie Bella einen Geldschein in ihren BH stopfte und sich zu dem Kranken hinunterbeugte. Mit geübtem Griff machte sie sich an dessen Schlafanzughose zu schaffen. Alma schloss die Tür. Das Stöhnen dahinter verursachte ihr Übelkeit.

Mit zitternden Knien stolperte sie zurück ins Schwesternzimmer, ließ sich auf einen Stuhl sinken, fröstelte und schwitzte gleichzeitig. Alle Gefühle, die sie je gehabt hatte, schienen von innen gegen ihre Haut zu drücken, bis sie glaubte, explodieren zu müssen. Sie wollte schreien, schlagen und weinen. Carl Schanz, dieser immer noch imponierende Mann ... Sie hatte ihm bei ihren vertraulichen Gesprächen am Abend immer wieder gesagt, dass er sich wegen seines schwachen Herzens schonen müsste. Er war so dankbar gewesen für ihr Angebot, ihn noch viele lange Jahre zu pflegen, wenn er denn wollte ... Er war eben auch nur ein Mann, und Bella war eine Hure!

Gingen Männer nicht schon seit Anbeginn der Welt zu Huren? Ein erfülltes Zusammenleben bedeutete doch viel mehr.

Langsam ließ Almas Zittern nach. Wieder nahm sie ihren Korb und machte sich auf den Weg zu ihm. Er saß im Bett, schlief noch nicht. Bella war verschwunden. Allerdings sah er müde aus, und sein dichtes weißes Haar stand in Büscheln ab.

»Alma – die Gütige!« Sein volltönender Bass war liebevoll wie immer. Sie hatte sich also doch nicht getäuscht. »Aber Ihre Güte ließ doch heute sehr zu wünschen übrig – einen alten, kranken Mann so lange auf die schönste Stunde des Tages warten zu lassen, ist nicht fein, meine Liebe.«

»Ist es Ihnen zu spät, soll ich wieder gehen?«, fragte sie, den Kloß in ihrem Hals und ihr Herzklopfen ignorierend.

»Nein, um Himmels willen.« Sein Ton wurde ernster. »Ich muss heute schon den ganzen Tag an Sie denken.« Almas Herzklopfen verstärkte sich. »Jetzt kennen wir uns schon ein ganzes Jahr. Ich kann Ihnen nicht genug danken, dass Sie mich so energisch aus meiner Selbstisolation geholt haben. Vielleicht war der Schwächeanfall nach meinem letzten Konzert letztlich doch ein Segen.«

»Jetzt übertreiben Sie aber, Herr Schanz. Jede andere hätte Ihnen auch geholfen.«

»Aber nicht jede andere hätte sich meine Trauertiraden angehört und mich darüber hinaus ihrem eins achtzig großen, schwarzen Freund vorgestellt.« Er lachte leise. »Dachten Sie, Sie könnten mich schocken?«

»Aber es stimmt doch, mein Flügel ist so groß und auch schwarz.«

»Warum haben Sie eigentlich nie Klavierspielen gelernt?«

»Meine Mutter fand, das sei Zeitverschwendung für ein Mädchen.«

»Schade! – Aber ich kann Ihnen wirklich nur danken für die herrlichen Teestunden bei Ihnen und Ihre Begeisterung für mein Spiel. Sie haben mir sehr geholfen, Alma.«

»Wir können diese Teestunden wiederholen, sooft Sie wollen«, gab Alma zurück, und noch selten hatte sie ein Angebot ehrlicher gemeint.

»Wollen wir ein wenig Chopin aus der Konserve hören? Es liegt noch eine CD im Player.«

Er schwang mit unerwarteter Behändigkeit die Beine aus dem Bett, wurde jedoch von einem Hustenanfall zurückgehalten. Feine Schweißperlen standen ihm auf der Stirn. Mit resolutem Griff legte sie seine Beine wieder zurück und deckte ihn zu.

»Sie sollten nicht übermütig werden, Herr Schanz«, sagte sie. »Ihre Grippe ist noch nicht vorbei. Ein bisschen besser müssen Sie schon aufpassen auf Ihr krankes Herz.«

»Ein anregender Abend ist die beste Therapie für Herzprobleme aller Art.«

»Warum unterhalten wir uns nicht einfach ein wenig? Ich höre Ihnen gerne zu, vor allem wenn Sie davon erzählen, was die ganze Sippschaft griechischer Götter so alles auf dem Olymp getrieben hat.«

»Nein, nein.« Er zwinkerte ihr zu. »Sie können mir nicht erzählen, dass Sie es spannend finden, wenn ein alter Mann Sie mit seinem Wissen beeindrucken will ...«

»Seien Sie nicht so bescheiden. Sie wissen doch, wie sehr Sie mir gefallen.« Fast erschrak Alma vor ihrer mutigen Aussage, als sie zum CD-Player ging und die Scheibe einlegte. »Ich habe Sie außerdem schon viel zu lange nicht mehr spielen hören.«

»Das habe ich Ihnen doch versprochen. Wenn ich wieder gesund bin, komme ich gerne wieder auf Ihre Einladung zurück.« Er lachte. »Wahrscheinlich verwünschen Sie schon jetzt den Tag, an dem Sie sie ausgesprochen haben, denn Sie sehen doch, dass Sie mich nicht mehr loswerden.«

Alma stockte der Atem. Das hieß doch, dass er tatsächlich mit dem Gedanken spielte, ihr Pflegeangebot anzunehmen. Aber sie schwieg. Stattdessen reichte sie Carl Schanz den Kuchenteller und goss ihm ein Glas Wein ein.

»Mmh – meinen Lieblingskuchen haben Sie auch mitgebracht. Sie sollten achtgeben, mich nicht allzu sehr zu verwöhnen.« Er prostete Alma zu und gebot ihr zu schweigen, als sie antworten wollte. »Hören Sie diese Stelle? Ist sie nicht wunderbar? Chopin war doch der größte Meister.« Versunken lauschte er der Musik, und Alma befürchtete schon, er habe sie vergessen, als er sich ihr zuwandte. »Wir sind schon ein seltsames Gespann, wir beide«, sagte er, und in seinen Augen tanzten Funken. »Da sitzen wir hier wie ein altes Ehepaar und stellen dennoch die gesamte Ordnung eines Altenheimes auf den Kopf.«

Die Musik brach ab, und Alma horchte. Waren da nicht Schritte auf dem Gang? Wer war denn so spät noch unterwegs? Die alten Leute sollten doch längst schlafen. Sie stand auf, um nach dem Rechten zu sehen, als es klopfte.

Sie öffnete die Tür, und vor ihr stand Bella. Sie hatte einen Mantel über ihren kurzen Rock gezogen.

»Ich dachte, Sie wären längst fertig mit Ihrem Rundgang, und habe Sie im Schwesternzimmer gesucht. Die Gartentüre ist noch nicht abgeschlossen, und ich habe den Schlüssel nicht gefunden.«

»Den habe ich an meinem Schlüsselbund«, gab Alma zurück. »Ich werde mich darum kümmern. Gehen Sie jetzt nach Hause, es ist schon spät.«

»Ja, dann wünsche ich eine gute Nacht.« Bella schloss die Tür hinter sich.

Alma spürte ihre Wut zurückkehren, wie Galle sammelte sie sich in ihrem Magen. Diese Nutte hatte alles verdorben. Schanz schien sie völlig vergessen zu haben. Ein Glitzern war in seinen Augen, als er Bella nachblickte.

»Teufel aber auch«, rief er aus, während er sich auf den Schenkel klopfte. Er lachte laut und fuhr in vertraulichem Ton fort: »Glauben Sie mir, Alma, Ihnen kann ich es ja anvertrauen: Nichts kann die Lebensgeister eines Mannes so wecken wie eine junge, blühende Frau. So alt und krank kann kein Mann werden.«

»Ich glaube, Sie sollten jetzt wirklich schlafen.«

Alma wandte sich ab, während sie den restlichen Kuchen und die Gläser in den Korb packte. Sie ging in die Duschkabine, griff nach Waschlappen und der Box für das Gebiss und beging den Fehler, in den Spiegel zu schauen. Ihre Augen waren hart wie Kieselsteine, das Weiß durchzogen von roten Adern, ihr Mund verkniffen. Sie hatte die Vorstellung, sich aufzulösen. Wie ein Luftballon, der sich versehentlich von der Hand eines Kindes gelöst hatte, flog sie davon. Und da war plötzlich ihre Mutter, die laut und hämisch lachte über ihre Dummheit. Das Gelächter dröhnte in ihren Ohren, bis es in einem Crescendo zerbarst.

Zurück in der Gegenwart, vor dem Spiegel in der kleinen Dusche, fühlte sich Alma zu einer Eisskulptur gefrieren. Sie spritzte sich Wasser ins Gesicht und ging zurück ins Krankenzimmer. Wortlos hielt sie Schanz die Gebissdose hin, in die er folgsam seine dritten Zähne fallen ließ.

»Ich werde Ihnen nur noch das Kopfkissen aufschütteln.«

Sie griff zum Kissen und drückte es auf Schanz' Gesicht. Er schlug und bäumte sich auf. Alma wunderte sich, wie viel Kraft in diesem Körper mit dem kranken Herzen steckte – aber sie war stärker und drückte seinen Kopf nach unten, bis Schanz langsam erschlaffte und sich schließlich nicht mehr bewegte. Dann bettete sie seinen Kopf auf das Kissen, schloss ihm die Augen, bevor sie das Licht löschte, nahm ihren Korb und ging.

Manchmal musste getan werden, was zu tun war. Ein bisschen Dankbarkeit durfte man doch erwarten.

Bei chronisch Kranken gab es keine Autopsie. Bei ihrer Mutter hatte es auch keine gegeben. Ihr Hausarzt war ein wenig in Eile gewesen, als er den Totenschein ausstellte. Er war zu einer Weihnachtsfeier eingeladen.

Sie dimmte die Nachtbeleuchtung im Gang und stellte einige Teekannen auf den Wagen.

»Gute Nacht, Herr Schanz!«

Langsam ging sie zurück zu ihrem Spind. Sie nahm die Geldbörse aus ihrer Handtasche und zählte liebevoll ihre Barschaft. Die dreihundert Euro von Frau Baumgartner waren doch ein schöner Trost.

Bernd Flessner

Der Letzte

Volkach

Die Mainschleife.

Eschendorf.

Die Gifthütte.

Darüber die Vogelsburg.

Carsten Hofmann hatte bewusst diese Route gewählt, obwohl er einen beträchtlichen Umweg hatte in Kauf nehmen müssen. Die Mainschleife hatte es ihm angetan, auch wenn sein Navi ununterbrochen lästerte. Nein, er fuhr nicht auf der schnellsten Route. Dafür aber auf der schönsten. Dem Navi fehlte schlicht jegliches ästhetische Gespür. Es hatte einfach keine Augen für den Fluss, für die Fachwerkhäuser, für die Geschichte, die bis ins Paläolithikum zurückreichte, für den Wein, für die Natur.

Erneut fuhr er einen Umweg, um näher an den Main zu gelangen. An so einem herrlichen Maitag gab es für ihn keine andere Wahl, erst recht nicht bei strahlendem Sonnenschein. Immer wieder wanderte sein Blick die Hänge hinauf. Müller-Thurgau, Silvaner und hier und da auch Riesling. Auf den hatte er es abgesehen. Den Riesling. Hanglage vom Feinsten. Süden und Südosten. Der Sonne entgegen. Aber noch war es nicht so weit, noch fehlten die Unterschriften.

Am Main musste er vor einer Baustellenampel kurz warten. Ein Kran brauchte etwas Raum, um ein verunglücktes Auto aus dem Fluss zu ziehen.

»Da hat wohl einer seinem Navi jedes Wort geglaubt«, sprach Hofmann mit sich selbst und musste trotz des Anblicks schmunzeln. An Drahtseilen hing ein verbeulter, weißer SUV, der Unmengen Wasser unter sich ließ.

»Offenbar ein Auslaufmodell«, murmelte er. »Das kann man abschreiben. Wenn man steuerlich gut beraten ist.«

Rund um die Bergungsmannschaft hatten sich etliche Schaulustige versammelt und hielten ihre Smartphones hoch. Die Polizisten verließen sich auf größere und professionelle Geräte. Da kein Rettungswagen zu sehen war, vermutete Hofmann den Fahrer oder die Fahrerin bereits im Krankenhaus. Sofern nichts Schlimmeres passiert war. Der demolierte Wagen hing jetzt hoch über dem Ufer.

Langsam war der nicht unterwegs, dachte er. Um von der Straße in den Main zu fahren, muss man schon Gas geben. Und einen SUV fahren.

Die Ampel gab den Weg frei. Hofmann ließ die Szene hinter sich, die trotz des sonnigen Tags etwas Gespenstisches, Irreales besaß.

Er kehrte dem Main den Rücken zu, um ihn bei Astheim zu überqueren. Ab jetzt musste er sich auf sein Navi verlassen, obwohl er schon zweimal bei Josef Diller gewesen war. Am Marktplatz vorbei fuhr er in die Spitalstraße, dann in die Gartenstraße. Das Gerät war offenbar sehr kreativ, denn an diese Anfahrt konnte er sich nicht erinnern. Egal, er genoss den Tag, genoss das Wetter, die warme Luft. Nach der Mainschleifenhalle bog er zunächst nach Süden und dann nach Südosten ab. Nach einigen Kilometern tauchte rechts das Weingut Diller auf. Seit mehr als vierhundert Jahren in Familienbesitz. Noch.

Das Weingut bestand aus vier Gebäuden und war eine Einöde. Nicht einmal Volkach war zu sehen, denn es lag verborgen hinter einem Waldstück. Hofmann parkte seinen Wagen unmittelbar vor dem Eingang des Haupthauses, das nicht mehr ganz frisch aussah. Und das bezog sich nicht auf die Jahrhunderte, die in den Steinen schlummerten, sondern auf den renovierungsbedürftigen Zustand. Der einst weiße Putz war längst grau und fleckig, das Grün der Fensterläden, von denen zwei fehlten, war verblasst und einer Farbe gewichen, für die Hofmann der Name fehlte. Im Schriftzug über der Tür, der aus gebrannten und emaillierten Majuskeln bestand, fehlte ein Buchstabe: Aus dem Weingut war ein Wei gut geworden.

Diller und sein Sohn hatten zu viele Anschlüsse verpasst, hatten Trends nicht erkannt oder schlicht ignoriert, waren in der Zeit stehen geblieben, die längst über sie hinweggegangen war. Denn eine Eigenschaft der Zeit war ihre Gnadenlosigkeit, insbesondere, wenn es um den Markt ging. Die Dillers hatten die seit Matthäus sprichwörtlichen Zeichen der Zeit, wie einst die Pharisäer und Sadduzäer, nicht erkannt.

Hofmann klopfte an die zweiflügelige Eichentür, die sich längst von jeglicher Farbe getrennt hatte. Die Klingel, das wusste er bereits, funktionierte nicht.

»Hallo? Herr Diller?«, rief er. »Herr Diller, hier ist Carsten Hofmann!«

Ein Blick auf die Uhr ließ ihn nicken. Er war mehr als pünktlich. Nach mehrmaligem Klopfen hörte er langsame Schritte. Die Tür öffnete sich. Ein Mann Anfang siebzig kniff kurz die Augen zusammen, geblendet von der Maisonne.

»Grüß Gott, Herr Hofmann. Kommen Sie doch herein«, sagte Diller emotionslos.

»Grüß Gott, Herr Diller«, erwiderte Hofmann den Gruß und folgte dem Mann in eine Art Heimatmuseum, in dem auch Spinnennetze zu den Exponaten zu zählen schienen. Zentrales Ausstellungsstück war ein gigantischer Garderobenspiegel, eingefasst von gedrechselten Säulen aus Mahagoni. Mehr Krempel als Kunst. Der Winzer führte ihn nicht, wie bei seinem letzten Besuch, in die große Küche, sondern quer durch das Haus in den dahinterliegenden Garten.

»Meine Frau ist in Volkach, mein Sohn in Würzburg«, erklärte er unterwegs. »Ich kann Ihnen nichts zu essen anbieten. Dafür aber einen guten Silvaner.«

»Ich muss noch fahren«, lehnte Hofmann so höflich wie möglich ab, wurde jedoch ignoriert.

»Etwas ganz Besonderes. Sie werden staunen.«

»Ein Glas.«

Im Garten, in dem alte Apfelbäume, Kirschen und Quitten standen, erwarteten ihn ein gemähter Rasen, eine Wäscheleine mit Kochwäsche und ein Gartentisch mit weißer Tischdecke.

»Nehmen Sie doch Platz. Ich hole den Wein. Hat genau die richtige Temperatur. Er wird ja heute oft viel zu kalt serviert, wissen Sie? Davon halte ich gar nichts, wenn Sie mich fragen. Nichts weiter als eine Modeerscheinung, sage ich Ihnen. Aber ich gehe nicht mit der Mode.«

»Das sieht man«, kommentierte Hofmann unhörbar für seinen Gastgeber. Dieser verschwand in einem Keller, der einem fränkischen Bierkeller ähnelte, aber mit Sicherheit dem Wein Schutz und adäquate Temperatur bot.

Von hinten waren die Gebäude nicht ansprechender als von der Vorderseite. Das würde nicht billig werden. Hofmann sah vor seinem geistigen Auge schon die Gerüste, auf denen Maurer und Maler arbeiteten. Die Dächer verlangten nach frischgebrannten Biberschwänzen, Fenster, Türen und Tore nach einer fachgerechten Entsorgung. Dafür gefiel ihm der Garten mit seinem alten Baumbestand. Den wollte er auf jeden Fall erhalten. Professionell angelegt, könnte der

Garten auch gastronomisch genutzt werden. Ihm schwebte keine Sterneküche vor, die auf dem Land bisweilen sogar Gäste abschreckte, sondern ein gehobenes Restaurant unterhalb des Sternenniveaus.

In einem der Nebengebäude befand sich eine alte, ungenutzte Destille, die sich Hofmann schon bei seinem ersten Besuch hatte zeigen lassen. Das dazugehörige Brennrecht gab es auch. Er hatte sich natürlich erkundigt, und auch der Whiskey-, Gin- und Rumhype war ihm nicht entgangen. Doch wie jeder Hype würde sich auch dieser irgendwann abschwächen. Dann könnte er mit Trester in die Bresche springen. Aber nicht mit gewöhnlichem Trester, den es an jeder Ecke zu kaufen gab, sondern mit fassgereiftem Edeltrester. Die Fässer hatte er sich längst gesichert, denn sie waren auf dem Markt heiß begehrt. Eiche und Esche, unbehandelt, das war das Beste.

»So, hier ist die Flasche«, riss ihn der alte Winzer aus seinen Gedanken und stellte einen Bocksbeutel auf den Tisch. »Ich hole nur schnell die Gläser aus der Küche.«

»Keine Eile«, rief Hofmann ihm nach, machte sich in Gedanken gleich wieder an die Arbeit und ließ in den Keller moderne, automatische Rüttelpulte für den Riesling einbauen. Nur mit Hightech ließen sich die Kosten senken. Die Preise hingegen sollten stabil auf hohem Niveau liegen. Er legte den Kopf zurück und schloss die Augen. Das sollte sein letztes großes Ding werden. Eigentlich hatte er schon alles erreicht. Aber es waren nur Geschäfte gewesen, es war nur ums Geld gegangen. Jetzt sollte es auch um ihn gehen, um sein Leben, um seine Interessen, seine Vorlieben. Er wollte sich, auch wenn dies abgedroschen klang, neu erfinden, sich neu inszenieren. Als Winzer. Als erfolgreicher Winzer.

»Die Gläser«, holte ihn Diller ein zweites Mal aus seinen Träumen zurück und setzte sich. »Die Flaschen haben jetzt alle diesen Metallverschluss.«

»Ich weiß«, nickte Hofmann.

Der alte Winzer füllte die Gläser und griff zu seinem.

»Auf Ihr Wohl!«

»Auf das Ihre!«

Ein frischer Silvaner, fruchtig, aber mit wenig Säure. Diller hatte recht, die Temperatur war perfekt.

»Was sagen Sie?«

»Sehr gut«, antwortete Hofmann ohne wahre Begeisterung. Es war kein schlechter, aber auch kein besonders guter Silvaner. Mittelmaß. Ein leicht verstehbarer Wein. Diese Bezeichnung hatte er in einem Gourmetmagazin gelesen. Das hatte ihm gefallen. Besser hätte auch er es nicht formulieren können. Aber jetzt musste es ernst werden.

»Herr Diller. Haben Sie über mein Angebot nachgedacht?«

Der Winzer machte ein Gesicht wie eine seiner Quitten, die den Winter, der wieder einmal keiner gewesen war, auf der Wiese verbracht hatten.

»Herr Diller.«

Der alte Mann nickte. Hofmann öffnete seine schmale Aktentasche aus rotem Boxcalf, zog einige Dokumente heraus und fächerte sie auf dem Tisch auf.

»Herr Diller. Ich habe hier vier Gutachten. Eines von einem renommierten Önologen, eines von einem Sommelier, eines von einem Geologen, eines von einem Architekten und Immobilienexperten. Diese Gutachten hatte ich Ihnen auch per Post zuschicken lassen. Haben Sie sie erhalten?«

Der Winzer nickte.

»Herr Diller. Haben Sie diese Expertisen gelesen?«

Der Winzer nickte erst, schüttelte dann aber seinen Kopf.

»Herr Diller. Wenn Sie diese Gutachten lesen, werden Sie feststellen, dass Ihr Weinberg trotz Südhang, trotz Muschelkalk, Löss und Lettenkeuper nicht zu den besten zählt. Außerdem ist er über viele Jahre vernachlässigt und schlecht bewirtschaftet worden. Vergleichbares gilt für die Gebäude hier. Sie zu renovieren wird richtig teuer.«

Diller sah ihn mit dem Blick eines überführten Täters an und nickte ein weiteres Mal.

»Der Weinberg ist an sich in Ordnung, aber nicht viel wert, da in ihn viel investiert werden muss. Verstehen Sie das? Ihr Silvaner ist nicht mehr auf der Höhe der Zeit. Er entspricht nicht mehr dem heutigen Geschmack.«

»Das weiß ich doch alles«, meldete sich Diller zurück. »Dazu brauche ich Ihre Gutachten nicht. Ich kenne meinen Weinberg, ich kenne mein Weingut. Es ist seit über vierhundert Jahren im Besitz der Familie Diller. Eigentlich *von* Diller. Genauer gesagt, von Dillerfeld. Gustav Freiherr von Dillerfeld. Aber das ist lange her.«

»Ich weiß nicht, worauf Sie hinauswollen.«

Der Winzer führte das Glas zum Mund und nahm einen kräftigen Schluck.

»Es ist die Geschichte. Ich meine ... die Familiengeschichte. Wenn ich das Gut verkaufe, ist sie beendet. Ein für alle Mal. Verstehen Sie das? Über vierhundert Jahre. Nur weil die Leute plötzlich anderen Wein trinken wollen. Vierhundert Jahre haben sie unseren Wein getrunken, vierhundert Jahre haben sie Dillerwein gekauft. Wir haben viele Medaillen gewonnen. Soll ich sie Ihnen zeigen?«

»Jetzt sage ich Ihnen: Das weiß ich doch alles, Herr Diller«, entgegnete Hofmann. »Aber hier geht es nicht um vierhundert Jahre Dillerwein, sondern darum, wie und wovon Sie in den nächsten Jahren leben werden. Wenn Sie jetzt nicht verkaufen, müssen Sie in ein paar Jahren verkaufen. Und dann können Sie nicht mehr verhandeln. Von dem Verkaufspreis können Sie dann nur noch sehr bescheiden leben. Mit meinem Angebot hingegen können Sie ein gutes Leben führen. Sie und Ihre Familie. Kaufen Sie sich ein Haus am Stadtrand, reisen Sie, spielen Sie Golf.«

Diller sah ihn nachdenklich an.

»Es gibt da noch ein Angebot.«

»Das überrascht mich nicht. Im Gegenteil, ich habe fest damit gerechnet.«

»Gestern war so ein Investor hier«, begann der Alte. »Für wen er arbeitet, weiß ich nicht mehr. Aber er will das Weingut auch übernehmen.«

»Das ist sein gutes Recht. Markt ist Markt.«

»Er will den Besitz wohl aufteilen. Den Weinberg weiterverkaufen, das Gut zu einem Restaurant umbauen lassen. So habe ich ihn jedenfalls verstanden. Ein Ausflugslokal. Mit so einem Event.«

»Verstehe«, sagte Hofmann. »Das würde ich Ihrem Familienstammsitz allerdings nicht antun. Ich würde sehr behutsam vorgehen, weiterhin Wein produzieren, Trester brennen und hier wohnen. Sie sind jederzeit eingeladen, können kommen, wann Sie wollen. Nicht mal den Namen werde ich ändern. Es wird weiterhin Weingut Diller heißen.«

Diller nahm wieder einen Schluck seines Weines und sah Hofmann traurig an.

»Was hat er geboten?«, fragte Hofmann.

Der Winzer hob seine rechte Hand und öffnete sie zweimal.

»Ein gutes Angebot. Aber nicht gut genug. Ich lege hunderttausend drauf. Haben Sie gehört? Hunderttausend!«

Hofmann beobachtete sein Gesicht, registrierte jede noch so kleine Veränderung seiner Miene. Darin war er geübt, er hatte das Verhandeln von der Pike auf gelernt. Eine Million hatte sein Konkurrent geboten. Ein verblüffend niedriges Angebot, ein zu niedriges Angebot. Gab es einen Haken? Hatte er etwas übersehen? Nein, selbst in die Bebauungspläne hatte er Einsicht genommen, hatte Gutachten erstellen, die Gebäude taxieren lassen. Eine Million. Immerhin, ein Versuch, zu einem Dumpingpreis an das Weingut zu kommen. Sein Konkurrent war ein Pokerspieler. Wie er.

»Hunderttausend, Herr Diller.«

Es kam darauf an, ein vorliegendes Gebot nicht minimal zu überbieten, sondern deutlich. Das ersparte viele kleine Gebotsschritte und führte oft genug dazu, dass das Angebot ohne weiteres Feilschen angenommen wurde.

»Darf ich mir das kurz überlegen?«, fragte Diller.

»Bitte. Lassen Sie sich Zeit. Ich habe es nicht eilig. Doch denken Sie daran: Wenn ich heute ohne Zusage abfahre, komme ich nicht wieder.«

»Ich weiß«, nickte der alte Winzer und leerte sein Glas, um gleich wieder nachzufüllen. »Was ist mit Ihnen?«

»Nein, danke. Ich muss noch fahren.«

»Sie wollen alles verändern«, sagte Diller nach einer kurzen Pause, ohne ihn anzusehen. Stattdessen fixierte er den Tisch. »Sie wollen alles zerstören. Genau wie dieser Investor.«

»Das stimmt nicht, Herr Diller«, entgegnete er freundlich, aber bestimmt. »Ich bin nämlich kein Investor. Ich will hier leben. Das habe ich Ihnen doch bereits erklärt. Und dazu muss ich alle Gebäude renovieren und das Weingut sanieren. Alles wird schöner aussehen als je zuvor. Was mich von einem Investor unterscheidet, ist der Profit, auf den es mir nicht ankommt. Selbstverständlich will auch ich Wein produzieren, aber nicht, um davon meinen Lebensunterhalt zu bestreiten. Mein Geld habe ich längst verdient. Jetzt geht es mir darum, zu leben.«

Diller nickte leicht, vergrub dann aber seinen Kopf in den Händen.

»Warten Sie es ab. Es wird auch Ihnen gefallen. Nur müssen Sie nicht die Kosten tragen.«

Der Alte sah ihn jetzt mit leicht geröteten Augen an.

»Die Bank hat meinem Sohn einen Kredit von zweihundertfünfzigtausend angeboten. Für eine Sanierung.«

»Das glaube ich gerne«, beugte sich Hofmann vor. »Und wenn Sie das Geld nicht zurückzahlen können, gehört das Weingut der Bank, die es zu einem attraktiven Preis veräußern wird. Die Bank gewinnt immer. Das wissen Sie doch.«

»Kann schon sein.«

Hofmann war entspannt. Er war sich sicher, die besseren Karten zu haben. Dass Diller reif war, stand außer Frage. Es fehlte nur noch der letzte Schritt. Hofmann drehte den Kopf und träumte sich in die Destille.

»Die wollen Sie wohl auch wieder richten?«, fragte Diller unvermittelt, als hätte er seine Gedanken erraten.

»Unbedingt.«

»Möchten Sie einen?«

»Einen Trester? Haben Sie denn noch einen?«

»Warten Sie«, sagte der Winzer wie verwandelt und sprang auf, um zum Keller zu gehen. Sehr schnell zu gehen. Hofmann musste schmunzeln, brauchte aber nicht lange zu warten, denn Diller kehrte zügig mit einer Flasche zurück, deren Lagerzeit ihr schon auf Distanz anzusehen war. Nachdem er die Flasche auf den Tisch gestellt hatte, marschierte er ins Haus, um Gläser zu holen. Hofmann machte

Augen. Es waren schöne Trestergläser mit dem typischen, kleinen Kugelbauch.

»Jetzt bin ich gespannt«, strahlte ihn der alte Mann mit leuchtenden Augen an, die Hofmann so bei ihm noch nicht gesehen hatte.

Hofmann schwenkte die klare Flüssigkeit und zog seine Nase zurate.

»Das ist kein Trester«, stellte er erstaunt fest. »Das ist ... das ist ... das ist eine Quitte.«

Das breite Lächeln des Winzers war ihm Antwort genug. Ohne dem Obstbrand Zeit, Luft und Wärme zu geben, führte er das Glas zum Mund. Das Quittenaroma war überwältigend: komplex, intensiv, mild und überraschte mit immer neuen Noten, die sich in Mund und Gaumen zu erkennen gaben.

»Haben Sie den gebrannt?«

»Ja, das habe ich. Vor gut dreißig Jahren. Wir haben ja sehr viele Quittenbäume. Weiter hinten im Garten.«

»Haben Sie nur diese Flasche?«, fragte Hofmann mit pochendem Herzen.

»Kommen Sie«, antwortete Diller und sprang fast auf. Hofmann folgte ihm in den Keller. Als sich seine Augen an die Dunkelheit gewöhnt hatten – die alten Glühbirnen funktionierten nicht –, stand er ein weiteres Mal in einem Heimatmuseum. Neben der Tür erkannte er im Halbdunkel einen dicken Schalter aus Bakelit wieder. Hofmann kannte den Keller, der ein wahres Biotop für Spinnen war, noch von seinem ersten Besuch. Er kannte die Regale, die Flaschen mit ungenießbarem, weil nicht lagerfähigem Wein. Dass sich darunter auch Obstbrände verbargen, war ihm entgangen.

»Hier«, rief Diller. »Sehen Sie sich das an!«

Hofmann hatte Mühe, seinen Augen zu trauen. Hinter Spinnweben, deren Entstehung er spontan auf die Spätantike datierte, lagerten mindestens hundert Flaschen.

»Alles Quitte?«

»Alles Quitte.«

»Und Trester?«

»Der ist rechts hinten«, antwortete Diller. »Ist auch etwa dreißig Jahre alt. Ich hab dann irgendwann aufgehört und mich nur noch um den Wein gekümmert. Die Kirsche liegt weiter hinten.«

Was Hofmann für ungenießbaren Wein gehalten hatte, entpuppte sich jetzt, zumindest zum Teil, als ungehobener Schatz. Sollten die anderen Brände so gut sein wie die Quitte, lagerte hier ein Vermögen. Er sah den alten Mann plötzlich mit anderen Augen. Der Winzer mit den zwei linken Händen war in Wahrheit ein meisterhafter Brenner, ein Brennmeister. Jedenfalls war das mit Abstand die beste Quitte, die je seine Kehle passiert hatte.

Hofmann griff in die Spinnweben, zog eine der Flaschen heraus und pustete vorsichtig den Staub weg. Oberflächlich schmutzig und hässlich, innen strahlend und funkelnd. Ja, das war ein echter Schatz. Das passte perfekt in seine Pläne. Mit diesen Bränden würde es ihm wesentlich leichter fallen, seine neue Marke auf dem Markt zu etablieren. Am liebsten hätte er Diller nach dem Kauf umgehend als Brennmeister eingestellt, hegte jedoch den Verdacht, damit Unmögliches von ihm zu verlangen. So oder so, er wollte die Flaschen. Er musste sie haben.

»Ich bin begeistert, Herr Diller. Das hatte ich nicht erwartet.«

»Es war eine Art Hobby von mir. Verkauft haben wir immer nur den Trester, nicht die Obstbrände.«

»Herr Diller, vielleicht kann ich Ihnen Ihre Entscheidung erleichtern, wenn ich noch einmal hunderttausend drauflege. Was meinen Sie? Das ist doch wirklich ein faires Angebot. Der Keller mit den Obstbränden müsste dann aber dabei sein.«

»Kommen Sie«, antwortete der alte Winzer und marschierte an ihm vorbei zum Ausgang. Im Innenhof mussten sie beide die Hände vor die Augen halten, um der Maisonne zu trotzen. Diller ging zurück zum Tisch und setzte sich. Hofmann ließ ihm Zeit, drehte sich kurz zum Keller um und setzte sich dann ebenfalls.

»Eine Million und zweihundertfünfzigtausend Euro. Das ist eine Viertelmillion mehr, als Ihr Investor geboten hat. Wie Sie wissen, brauche ich die Summe nicht zu finanzieren. Sie können faktisch umgehend über das Geld verfügen. Sobald Sie beim Notar unterschrieben haben, ist das Geld auf Ihrem Konto. Ich gebe Ihnen Zeit genug, ein passendes Haus zu finden. Das legen wir vertraglich fest. Von mir aus ein Jahr.«

Der alte Winzer sah ihn fast mitleidsvoll an und öffnete langsam seinen Mund, um ebenso langsam zwei Wörter zu sagen: »Fünf Millionen.«

Hofmann hatte die beiden Wörter zwar gehört, misstraute aber seinen Ohren.

»Sagten Sie ... fünf Millionen?«

»Das ist die Schmerzgrenze. Unter fünf Millionen verkaufe ich nicht. Die Weinberge nicht, das Gut nicht, den Keller nicht.«

Für Hofmann war dieser Betrag an sich kein Problem. Den könnte sein Aktienportfolio sehr schnell ausspucken. Doch das Weingut war keine fünf Millionen wert, nicht einmal die Hälfte. Der Preis war utopisch, illusorisch, naiv.

»Herr Diller, dieser Preis ist völlig unrealistisch. Lassen Sie uns in Ruhe über einen realistischen Preis sprechen.«

»Fünf Millionen. Natürlich ist es das wert. Hier drin stecken die Leben von Generationen, steckt die Arbeit von Generationen. Eigentlich sind da fünf Millionen noch zu wenig. Und wenn ich meine Kindheit noch bedenke, die ich mit dem Gut verkaufen müsste, dann ist das wirklich eine bescheidene Summe.«

Hofmann las in den Augen des alten Winzers, dass es keine Argumente geben würde, die ihn umstimmen könnten. Der Mann wollte einfach nicht verkaufen. Er wollte hier so lange wie möglich leben und das Ende offen lassen. Ein letzter Versuch.

»Zwei Millionen.«

»Fünf.«

Hofmann stand auf, ließ seinen Blick noch einmal durch den Garten schweifen und fällte den Entschluss, die Verhandlungen abzubrechen. Dieser Mann war nicht umzustimmen. Hofmann hatte seine Hausaufgaben gemacht. Das Gut war mehr oder weniger pleite. Die einzige Sicherheit für den Kredit der Bank war das Gut selbst. Längst hatte er ausgerechnet, wie lange die Dillers mit dem Geld von der Bank durchhalten konnten. Keine zwei Jahre. Dann würde es nichts mehr zu verhandeln geben, dann konnte er den Preis diktieren. Bis dahin würde er alles im Auge behalten. Er hatte den richtigen Mann dafür in seiner Firma.

Verwundert schaute er auf ein volles Glas und setzte sich wieder hin. Diller hatte offenbar ein Gefühl für Timing. Immerhin.

»Den kann ich jetzt gebrauchen«, sagte er, ohne seine wahren Gefühle zu offenbaren, und trank die Quitte in kleinen Schlucken. Den Genuss ließ er sich nicht nehmen.

»Wunderbar, wirklich. Ein Traum. Aber fünf Millionen sind auch ein Traum. Vielleicht erfüllt ihn ja ein anderer Käufer. Ich wünsche Ihnen viel Glück, Herr Diller. Machen Sie es gut. Ich fahre zurück.«

Er erhob sich, stellte das Glas auf den Tisch und ließ sich von einem schweigenden Winzer zur Tür begleiten. Der Abschied war kurz und ging über einen Händedruck nicht hinaus. Als er sich im Wagen zu Diller umdrehte, um ihm einen letzten Blick zuzuwerfen, war die Tür bereits wieder geschlossen. Das Weingut wirkte plötzlich wie verlassen, wie von seinen Eigentümern aufgegeben.

»Warte es ab, alter Mann«, dachte Hofmann laut. »Warte es ab. Die Regeln machst nicht du, die machen ganz andere.«

Er fuhr vom Hof und trat aufs Gas. Das war eigentlich nicht seine Art, denn er war ein bekennender Genussfahrer, über den Beschleunigung und Geschwindigkeit keine Macht besaßen. Bequemlichkeit und Distanz waren ihm wichtig. Distanz zu anderen. Er bekannte sich unverhohlen zum Luxus, das Rasen überließ er den Wichtigtuern. Und dennoch spürte er jetzt das Gaspedal unter seinem Fuß und begann mit ihm zu spielen. Es machte ihm plötzlich Spaß, auf der schmalen Straße Staub aufwirbeln zu lassen. Schnell fand er heraus, dass der knochentrockene Seitenstreifen dafür am besten geeignet war. Im Rückspiegel sah er die Staubwolke und lachte.

Was für ein Auto fahre ich eigentlich?, fragte er sich. Einen alten Maserati natürlich. Einen Oldtimer. Ein Schmuckstück. Keine von diesen Spielzeugkisten, keinen von diesen Hausfrauenpanzern. Nein, er fuhr ein richtiges Auto, ein schwarzes Auto, kein weißes Zahnarztauto. Wie konnte man überhaupt ein weißes Auto fahren?

»In dreihundert Metern nach rechts abbiegen«, quäkte sein Navi mit sonderbar verzerrter Stimme.

»Blödes Ding!«, schimpfte er und schaltete es aus. »Ich kenne den Weg. Ich kenne jeden Weg.«

Ein weißer Wagen kam ihm entgegen. Hofmann verließ den Seitenstreifen und lenkte den Maserati langsam zur Mitte der Straße.

»Weißer Wagen«, sang er fast und fühlte sich in jeder Hinsicht überlegen. »Weißer Wagen! Such den Staub, weißer Wagen!«

Der weiße Wagen wurde langsamer und wich nach rechts aus, geriet auf den Seitenstreifen der schmalen Straße und löste eine kleine Staubfontäne aus.

»Wow!«, jubelte Hofmann. »Geht doch!«

Jetzt war er unbesiegbar. Vielleicht sollte er umkehren und es dem alten Winzer so richtig zeigen?

»Fünf Millionen«, sang er. »Zehn Millionen. Zwanzig Millionen.«

Die ersten Häuser von Volkach rasten auf ihn zu, flogen auf ihn zu, stürzten auf ihn zu.

»He! Langsam, langsam!«

Dann fielen ihm die Bäume auf, die irgendwie versuchten, mit ihren Ästen nach ihm zu greifen.

»Keine Chance«, triumphierte er und wich geschickt aus. »Böse Bäume! Aber nicht mit mir!«

An der nächsten Kreuzung fiel ihm die Wahl schwer. Sein Finger suchte das Navi, fand es aber nicht.

»Die haben es ausgebaut! Diese Schweine! Aber ich kenne den Weg.«

Hofmann bog mit quietschenden Reifen nach rechts ab, vorbei an den Fachwerkhäusern, die wie Wolkenkratzer in den Himmel wuchsen. An der nächsten Kreuzung fuhr er nach links, weil rechts die Farben auf ihn warteten. Sie lauerten zwischen den Häusern, zwischen den Bäumen, auf dem Fluss.

»Ihr kriegt mich nicht!«, verhöhnte er sie. »Denn ich mache hier die Regeln!«

Ohne Mühe passierte er die Brücke, die ganz ihm alleine gehörte. Niemand machte sie ihm streitig. Die weißen Wagen waren gewarnt und hatten sich hinter den Farben zurückgezogen. Aber die roten nicht. Ein rotes Auto hielt auf ihn zu. Rote Autos waren gefährlich. Er musste handeln. Sofort. Blitzschnell. Sein Reaktionsvermögen übertraf alles Menschliche. Intuitiv wich er nach rechts aus. Zwischen den Bäumen war Platz genug. Gefühlvoll zog er den Steuerknüppel an sich heran, drückte ihn ein paar Grad nach links und betätigte gleichzeitig das Querruder. Wie er es beim Segelfliegen gelernt hatte.

Sein alter Maserati gehorchte der Kursänderung und hob ab. Die Gurte hielten ihn fest, nichts konnte passieren, er war ein guter Pilot. Nicht einen Ast streifte er und ließ den roten Wagen ins Leere gleiten.

»Verfehlt!«, jubelte er. »Verfehlt!«

Doch dann tauchten wieder die Farben auf. Er musste erneut den Kurs ändern und sofort landen. Auf dem Wasser war Platz, der Fluss war breit genug. Gelassen und elegant drückte er den Steuerknüppel nach vorne. Er hatte es geschafft und setzte zur Landung an. Er war unbesiegbar.

Der alte Winzer reichte seinem Sohn das kleine Plastiktütchen, das aus einem kleinen, illegalen Labor in Tschechien stammte. Es waren nur noch ein paar Kristalle vorhanden.

»Macht nichts«, sagte Dillers Sohn. »Die haben dort genug davon. Außerdem war er der Letzte.«

»Bist du sicher?«

»Ich weiß, man kann nie ganz sicher sein. Aber angemeldet hat sich niemand mehr. Also war dieser Hofmann der Letzte.«

»Wie sind die eigentlich auf uns gekommen? Wir haben doch gar keine Anzeige aufgegeben, keinen Makler beauftragt.«

»Das habe ich dir doch schon erklärt, Papa. Das sind Jäger. Die fahren durch die Landschaft und suchen Objekte, die ihnen gefallen, mit denen sie dicke Geschäfte machen können. Außerdem müssen die Objekte reif sein. Es ist wie mit deinem Obst. Nur reifes Obst kommt infrage, das man nur noch zu pflücken oder aufzusammeln braucht. Haben sie ein Objekt gefunden, stellen sie den Nachbarn Fragen und ziehen Erkundigungen ein. Das ist nicht schwer. Und das Internet gibt es ja auch noch.«

»Und dann schlagen sie zu«, raunte der Senior. »Aber wir schlagen zurück.«

»Seit über vierhundert Jahren, Papa.«

»Sei ehrlich. War es wirklich der Letzte?«

Der Sohn setzte ein ironisches Lächeln auf und schlenderte mit seinem Vater in den Garten.

Theobald Fuchs

Dach über dem Kopf in der Schlinge

Würzburg

Also ganz ehrlich, ich dachte mir schon, dass an dem Tag noch etwas passiert, was das Spiel krass ändern würde. Ich war so wütend wie nie zuvor, stand auf dem Barbarossa-platz und wartete auf den verf... na ja, auf diesen Bus eben. Da kam der SUV aus der Tiefgarage hochgeschossen, und ich wusste sofort, was ich tun musste. Vielleicht nicht abso-lut genau, aber mein Ziel war klar. Der Alte musste einfach Platz machen.

Echt, ich will hier nicht spoilern, ich hasse es selber wie die Pest, wenn ich erst bei der dritten Folge bin und mir ei-ner erzählt, dass in Nummer achtundzwanzig der korrupte Bulle doch noch abgeknallt wird, obwohl der immer so süß ist, wenn er seine Vorgesetzte, diese vertrocknete Schreck-schraube, anlügt ... sorry, ich schweife ab. Aber eigentlich trifft es der Ausdruck »Platz machen« genau. Er war näm-lich nur ein alter weißer Mann, und ich brauchte den Platz, weil ich bin jung.

Dabei war er gar nicht unattraktiv, dieser Herr mit dem grau melierten Haar, der dieses elegante Sakko aus Schur-wolle trug, so rot und weiß kariert, und das flauschige gelbe Hemd, wo ich mir erst dachte: Ausgesucht hat der das nicht selber! Da muss eine Ehefrau zu Hause auf ihn warten. Das dachte ich, aber das war nur ein Gedanke un-ter Hunderten, die mir durch den Kopf zischten, während ich auf dem Beifahrersitz saß und ihn mit meinem Skalpell pikste.

Okay, Kommando zurück. Ich bin irgendwie noch völlig durch den Wind, aber wir kriegen das hin! Von Anfang an, versprochen! Das war so: Ich bekam einen Studienplatz in Würzburg. Medizin. Bei den »Määbrunzern«, wie wir daheim sagten. Ich fand es natürlich ganz großartig, endlich raus von zu Hause, ab in die Stadt, Studentenleben maximal. Doch es ist echt krass zurzeit: Es gibt keine Wohnungen, schon gar nicht, wenn man nicht mit einem vergoldeten Bonzenarsch auf die Welt gekommen ist.

Ich fand wochenlang keine bezahlbare Unterkunft, ums Verrecken ergab sich da nix. Am Ende bin ich bei so Lauchs in Gerbrunn untergekommen. Herr und Frau Edelbardt. Grauenhaft – aber was wäre mir anderes übrig geblieben?

Sie, die Frau Edelbardt, hat einen Nagelpilz, an Fingern und Zehen. Graut mir logo vor allem, was sie anfasst. Und es passierte immer wieder, dass sie zu mir ins Zimmer kam. Eh nur eine winzige Kammer im Anbau neben der Garage. Dann tut sie so scheinheilig, labert was daher, dass sie gleich den Geschirrspüler einschaltet und ob ich noch benutztes Geschirr hätte. »Eine Tasse vielleicht? Haben Sie sich nicht vorgestern Tee gemacht?« Es war ganz klar ausgemacht, dass ich die Küche mitbenutzen kann, also kein Grund, in meinem Zimmer ihre ekligen Sporen zu verbreiten. Kaum sieht sie dann einen Becher oder Teller, ist sie schon drin im Raum, ehe ich auch nur an den Ohrenstöpseln ziehen kann. Ich brauche die Musik zum Lernen und das gibt ihr kein Recht, plötzlich neben mir zu stehen und mich zu infizieren. Logo natürlich, dass der Schlüssel für meine Zimmertür immer noch verschwunden war, obwohl die beiden Honks seit meinem Einzug »fieberhaft« danach suchten.

Jedes Mal brauche ich dann zwei oder drei Stunden, um alles zu desinfizieren, die Türklinke, die Kommode, alles eben, was sie angefasst hat, ohne um Erlaubnis zu fragen, bis zu dem Streifen Linoleum, der von der Tür zum Bett führt. Er, der Herr Edelbardt, der schießt natürlich den Vogel ab. Hat eine Duschkabine hinter die Garage gebaut, ein windiges Ding, in dem es nach Moder und Schimmel riecht. Das warme Wasser aus dem Gasboiler reicht gerade mal fünf Minuten, im Winter die Hölle! Und um dort hinzukommen, muss ich durch den »Wintergarten«, wie sie es nennen: Einen Verhau aus Plexiglasplatten, wo sie ihre Lorbeerbäume, Geranien und irgendwelche Dreckskakteen abstellen. Keinerlei Sichtschutz hat es da! Ich bin mir sicher, dass der Alte ein Spanner ist, der sich irgendwo im Garten versteckt und sich einen runterholt, wenn ich da durchmuss.

Doch das ist jetzt vorbei. Jetzt schau ich von oben runter auf die ganzen Spacken und denke mir: Selber schuld, wenn ihr euch nicht anstrengt, ihr Loser! Es dauert vielleicht erst mal eine Runde, aber man muss durchhalten, bis man am Ziel ist. So wie ich. Dann kommt die Belohnung, dann wird's chillig. Das Studieren selbst ist mir eh nicht schwergefallen. Naturtalent eben. Am meisten Spaß hat mir die Anatomie gemacht. Leichen zersäbeln, da hab ich definitiv ein Händchen für. Trotzdem, mir war absolut schnell klar, welche Fachrichtung ich am Ende einschlagen will. Schönheitschirurgie, das ist mein Ding. Solange es Menschen gibt, wird es Frauen geben – und auch ein paar Männer natürlich –, die alles tun, um ihren körperlichen Verfall aufzuhalten. Oder sogar rückgängig zu machen. Falten, Fettwülste, Blutschwämmchen, Cellulite, Rübennase, Akne, Besenreißer, Krampfadern – das braucht es alles nicht, finde ich. Schon aus Rücksicht auf die anderen Menschen. Ich sehe es quasi als Pflicht, da einen Arzt ranzulassen. Und wer sich die Operation nicht leisten kann, der hat sein Leben halt nicht unter Kontrolle. Wie die ganzen Spasten, mit denen ich mich im Bus zusammenquetschen muss. Musste, besser gesagt.

Das ist jetzt vorbei. Nächste Woche fang ich mit der Famulatur in der Schönheitsklinik an. Drüben in Heidingsfeld. Zuerst hatte es mich maximal gegraust vor der Fahrerei mit diesen Rumpelbussen, rüber nach Randersacker, dort über den Main und noch mal Bus oder über den Bahnhof und dann die Straßenbahn, ein einziger Albtraum. Aber jetzt bin ich total gechillt. Ich werde die nächsten vier Monate voll steilgehen, hier in diesem Rooftoploft eine geile Zeit haben. Vorfreude pur plus der Blick auf die Verlierer dort unten, die im Regen auf den Bus warten.

Am Bahnhof kann man sich ja seit der megabekackten Landesgartenschau unmöglich mehr aufhalten. Die haben alles abgerissen, was irgendwie noch gastlich war, den Kiosk, die Dönerbude, die kleine Bar, den *Schönen René* – alles fort, alles weg. Als hätte der Oberplanertyp Lack gesoffen. Dafür haben sie jetzt eine verdreckte Unkrautwiese, auf der im Sommer die Penner und Junkies lümmeln. Das war eine der unsinnigsten Dummheiten, die ich mir überhaupt vorstellen kann. Umgekehrt haben sie sich einen Dreck um die Bussteige und die Fahrspuren dazwischen gekümmert. Der Asphalt ist völlig demoliert, überall Schlaglöcher, die Busse total heruntergekommen – manchmal denke ich, Dritte Welt, Alter, wo bin ich hier überhaupt hingeraten ... Und dann dieser Typ, der in seinem SUV sitzt und null von dem ganzen Elend mitkriegt.

Ich glaube, es war absolut nicht gelogen, was ich zu ihm sagte, nachdem ich wie ein Mops auf Speed vor zur Ampel gehetzt war. Vom Stift Haug bis vor zum Ring ist um diese Uhrzeit immer Stau wegen der Ampel, das wusste ich. War ja oft genug in einem dieser Buswracks festgesteckt. Zwischen stinkenden und drängelnden Vollidioten hatte ich stumm die Sekunden gezählt, bis ich endlich, endlich am Bahnhof aussteigen konnte. Und tatsächlich – da saß der Kerl in seiner Karre, die wie die anderen Drecksautos völlig deplatziert wirkten neben den blühenden Magnolien, dem Bahnhofsvorplatz mit dem Springbrunnen und im Hintergrund den akkurat bestellten Weinbergen, über denen sich ein goldorange glimmender Himmel spannte.

Es hätte eigentlich nur eine einzige Möglichkeit gegeben, dass das Ganze nicht passiert wäre. Der Typ hätte nur seine blöde Beifahrertür verriegeln müssen. Hat er aber nicht. Also ich Tür aufgerissen, reingesprungen, Tür zu. Er erschrickt – klar, was sollte er sonst tun?

»Fahr weiter!«, schnauz ich ihn an. Hinter uns hupen schon die ersten Honks, weil mein Typ vergisst, bei Grün aufs Gas zu drücken.

»Was wollen Sie? Verlassen Sie augenblicklich meinen Wagen!«

Ja, klar, wenn ich das gewusst hätte, was ich hier eigentlich wollte. Auf den Bus wollte ich nicht mehr warten, aber war das eine Antwort, die ihn zufriedengestellt hätte? Also sagte ich, was ich wirklich in diesem Moment dachte: »Ich will mit diesem Auto fahren.«

Er war mir vor Längerem schon aufgefallen, an einem der zahllosen Nachmittage, die ich am Barbarossaplatz stand und auf den 14er nach Gerbrunn wartete. Vielleicht fiel nur mir auf, wie unverschämt das war: Er taucht immer so um siebzehn Uhr herum aus der Tiefgarage auf, ein SUV in einer scheußlichen Farbe, und fährt rechts in Richtung Bahnhofsstraße an dem elenden Haufen Studenten und

Rentnern vorbei, die nicht wissen, ob sie sich auf den Bus freuen sollen, weil sie dann endlich hier wegkommen, oder ob sie sich fürchten sollen vor der stinkigen Enge und dem Gerüttel auf den klapprigen Fahrgestellen.

Was ein Wichser!, dachte ich mir gleich, als ich ihn zum ersten Mal bemerkt hatte. Ein viel zu großes Auto! Dieser Zombie, denkt der nicht ans Klima, oder was? Klar, dass der Verkehr zusammenbricht, wenn jeder alte Sack mit einer Blechschüssel groß wie ein Panzer durch die Altstadt kurven muss.

Ich glaube, ich hätte es ahnen können, dass mir irgendwann der Kragen platzen würde. Das war quasi eine echte Herausforderung. Ich bin eben nicht so ein stumpfes Schaf wie meine sogenannten Kommiliton*innen. Sagte nicht irgend so ein Politiker schon in den Nullerjahren »Mach kaputt, was dich kaputtmacht«? Dabei hatte ich keine Strategie. Und eigentlich auch gar keinen Bock, etwas kaputtzumachen. Nur wahnsinnige Lust, in diesem Auto zu sitzen.

Wie er mich erst anglotzte, in dem schwachen Scheinwerferlicht des Idioten hinter uns, der in seiner Karre hockte und fluchte. In dem Licht, das der Rückspiegel auf sein Gesicht reflektierte, sah ich, dass mich der Greis zwei Sekunden lang angrinste, ich sah diese Alte-Männer-Geilheit in seinen Augen. Er dachte wohl im Ernst, ich sei eine Geistesgestörte, die voll die kranke Lust auf Sex hat und mit jedem Typen vögelt, der nicht bei drei auf dem nächsten Baum sitzt. Bis er merkte, dass ihn durch seine Kasperls-Joppe und sein knallgelbes Seidensticker-Hemd etwas direkt auf eine Rippe stach. Ich hatte das Messer absichtlich auf einen Knochen gezielt, denn weshalb hätte ich ihn töten sollen?

Da veränderte sich sein Blick absolut, er bekam es mit der Angst und gehorchte. Als wir den mega Kreisverkehr am Berliner Platz erreichten, wollte ich die Sache zwischen uns klären. »Bleib im Kreisel«, befahl ich, »fahr einfach weiter rundherum«, und ich erhöhte den Druck auf die Klinge minimal.

»Autsch!«, quiekte das Weichei. Und irgendwie machte mich dieses Quieken wieder wütend. Rasend wütend. Wieso beschwerte sich so einer bei einem kleinen Pikser? Am Rückspiegel baumelte einer dieser Duftbäume. Voll billo, Geruchsrichtung Kirsche-Orange, ganz grauenhaft süßlich, widerlich und nicht gerade geeignet, um meine Zuneigung zu wecken.

Ich dachte zwar noch kurz, okay, vielleicht ist er in Wahrheit ein netter Opa, der sich seinen Luxus hart erarbeitet hat, vielleicht fährt er am Wochenende mit seinen Enkeln rüber in den Spessart oder so. Doch dann – wir kurvten jetzt schon ganz routiniert im Kreis, auf der innersten Spur, wo gerade kein anderes Auto unterwegs war – schaute er rüber und tastete mich ganz langsam von oben bis unten mit den Augen ab, als bestünde doch die geringste Möglichkeit, dass ich eine Irre wäre, die scharf ist auf Sex mit ihm. Nein: viel schlimmer. So, als müsste er sich erst noch groß überlegen, ob ich ihm wohl dafür taugen würde, seinem alten verschrumpelten Schrumpfschniedel ... wäh! Allein bei dem Gedanken schüttelte es mich. Alter Mann, dachte ich mir, fick dich selbst. Also sagte ich: »So, du perverses Schwein, runter jetzt vom Kreisel, ab nach Gerbrunn.« Denn ich hatte in diesem Moment eigentlich genug von der Aktion. Aber ich hatte doch ursprünglich nach Hause gewollt – wenn man die Bruchbude so bezeichnen möchte –, also warum sollte ich mich nicht kutschieren lassen? Da fährt der Horst direkt in die nächste Ausfahrt, und ehe ich mich's versehe, gondeln wir die dämliche Semmelgasse runter, als ginge es zurück zur Tiefgarage und zum Loft am Barbarossaplatz.

Stimmt, das Loft. Dort wohnte der Typ nämlich. Es ist erstaunlich, was man alles beobachten kann, wenn man viel Zeit damit verbringt, in einem zugigen Unterstand herumzuhängen und auf den Bus zu warten. Oder vielmehr ist es erstaunlich, dass kaum mehr jemand seine Umwelt beachtet, sondern alle nur immer in ihre elektronischen Endgeräte glotzen, um massenkompatiblen Unterhaltungsschmarrn zu bingen. Social Media fand ich schon immer fürn Arsch. Die ganzen Smartphones machen einen doch komplett wack in der Birne, sage ich immer. Ich bewahrte mir lieber meine Aufmerksamkeit, den Blick für die Umgebung. Deshalb hatte ich auch vor ein paar Tagen gesehen, wie der alte Typ, der da grad neben mir im Gurt hing und wimmerte, auf dem Balkon im obersten Stock des schmalen Hauses aufgetaucht war. Eine regelrechte Terrasse hatte er dort für sich, auf der er umherflanierte und Zigarre rauchte.

Aber ich bin ja nicht blöd, auch wenn mein Ex, dieser miese Wichser, immer sagte, ich hätte den Orientierungssinn eines Regenwurms. Ich piks den Typen einen winzigen Tick stärker, und schon spurt er wie ein Pferd, das die Sporen spürt. Wir fahren am Mainfranken Theater vorbei, das sie gerade mit Erfolg in einen grauen Hochbunker umbauen. Gleich darauf sind wir bei der Residenz, davor ein wüster Haufen geparkter Autos – das sieht so scheiße aus. Ich meine, ich versteh das nicht: Da haben sie ein wirklich schönes Schloss hier mitten in der Stadt, das wirklich viele Menschen aus aller Welt anschauen und fotografieren wollen, und dann pflastern sie davor ein paar Quadratkilometer Parkplatz hin. Das schmiedeeiserne Tor zum Rennweg genauso der Hohn. Einspurig, gerade groß genug für den bekackten Bus, der da unbedingt durchmuss. So wie der übrige Verkehr auch. Als hätte sich der Fürstbischof gedacht: »Ach, die Durchfahrt langt dicke, mehr als ein oder zwei Fuhrwerke oder mal eine Kutsche mit chinesischen Touristen wird da in tausend Jahren nicht durchfahren.«

Dann den Rennweg vor, über den Friedrich-Ebert-Ring und die Rottendorfer Straße den Berg hoch. Im Bus ist diese Strecke eine Tortur, die Fahrbahn ist dermaßen mit Schlaglöchern gespickt, es würden sich selbst peruanische Bergziegen weigern, da hochzuklettern. Die Strecke zum Hubland könnte nicht blöder verlaufen, aber wenigstens saß ich diesmal in diesem gut gefederten Siegerfahrzeug, wo dir nicht bei jeder Spalte in der Teerdecke das Rückgrat gestaucht wird, dass dir die Luft wegbleibt.

Am Zollhaus Galgenberg bogen wir rechts ab. Kurz vor der Kreuzung, wo es zur Uni geht, ist die Haltestelle »Philosophisches Institut«. Von mir aus hätte der Bus hier sowieso nur genau ein einziges Mal halten müssen, nämlich am Semesteranfang, wenn das allerschlimmste Gedränge herrschte. An diesen Tagen war es absolut unerträglich, so eingequetscht zwischen den pickeligen Erstis, die schwitzten und zappelten und mit ihren grässlichen Stimmen unfassbaren Schwachsinn quäkten. »Alle raus«, hätte ich immer am liebsten zu ihnen gesagt, »ihr lauft jetzt nach Hause, um hier nie wieder aufzutauchen. Währenddessen habt ihr Gelegenheit, um ausführlich nachzudenken, warum ihr so scheiße seid.«

Gut, es gab da einen dunklen Fleck in meiner Vergangenheit, einen üblen Fehler, den ich aber längst erkannt und beseitigt habe. Gleich nachdem ich in Würzburg angekommen war, hatte ich mich in einen Typen verknallt. Erstsemesterparty in der *Posthalle* beim Bahnhof. Er hatte irgend so einen Quatsch studiert, Germanistik, Logik, Altes Testament – ich weiß es gar nicht mehr so genau, hab nie zugehört, wenn er gelabert hat, weil ich mir dachte: Es ist egal, mit welchem Abschluss du später kein Geld verdienst, Schätzchen, mit deinem sexy Body findest du bestimmt eine Oma, die dich über Wasser hält. Natürlich, nachdem ich mit ihm fertig war. Er war gut im Bett, aber leider fing er viel zu bald an zu klammern, da musste ich dann die Reißleine ziehen. Der konkrete Anlass war dann ein echt scheußlicher Vorfall in diesem Bus. Früher Vormittag, ich hatte bei ihm gepennt, war übernächtigt und wollte mich zu Hause noch eine Runde aufs Ohr hauen. Wir waren zusammen am Rennweg eingestiegen, er fuhr mit bis zu dieser Philosophischen Anstalt, ich weiter nach Gerbrunn. Wie üblich war der Bus proppenvoll, und da kam doch tatsächlich so ein Asi auf die Idee, mir an den Busen zu grapschen. Einfach so, als wäre das das Normalste auf der Welt. »Ey, Finger weg, du Bastard«, schrie ich und trat dem Wichser, so gut das eben in dieser Klemme ging, mit der Spitze meines Stiefels ans Schienbein. Der war allerdings von der aggressiven Sorte, ein komplett debiler Macker, der meinte, er sei unschuldig. »Ey du F***« (ich will das Wort gar nicht wiederholen), »spinnst du komplett? Ich mach dich platt« (noch mal dieses Wort).

Und mein Freund? Der stand daneben und tat was? Richtig: Er drehte sich weg und tat so, als ginge ihn das alles nix an.

Ich deswegen so: »Hilf mir gefälligst, du Versager« und zog ihn am Ärmel näher heran, denn ich wollte ihn zwischen mich und diesen Aggrowichser bugsieren. Und da beschwert der sich! Da meckert er, dass er sich nicht für meine, wie er sagt, »dämlichen Spielchen« einspannen lassen wolle und er finde, dass ich mich »wirklich total peinlich« benehme. Na ja, an diesem Punkt reichte es mir. Ich parkte meine Fingernägel in seinem Gesicht, eine kleine Rangelei brach aus, weshalb der Fahrer seinerseits den Bus kurz vor der Haltestelle in einer Bucht parkte und wir zusammen mit drei oder vier unschuldigen Deppen hochkant rausflogen.

Der SUV hatte sich gerade dieser Haltestelle genähert, als mir das alles wieder einfiel. Hitze stieg mir in den Kopf, und der Zorn über diese demütigende Scheißbehandlung von damals stach mir in die Eingeweide.

»Fahr da vorne rechts ran«, sagte ich zu dem alten Trottel. Und weil er mich völlig verständnislos anglotzte, brüllte ich: »Ranfahren, sofort!«

Irgendwie lichtete sich in diesem Moment eine Art Nebel in meinem Kopf. Was tat ich hier eigentlich, fragte ich mich, wie sollte das weitergehen? Würde mich der Alte mit dem SUV vor der Haustür absetzen, wo schon die Nagelpilz-Uschi stünde und große Augen machen würde? Die dachte noch direkt, ich hätte mir einen Silberrücken als Lover angelacht, der mich als Bezahlung fürs Ficken mit dem Auto durch die Stadt kutschierte. Nein, absolut unmöglich. Diese Vorstellung war total crazy. Ich musste sofort raus hier. Keine Sekunde länger. Raus und davon, zwischen den Uni-Gebäuden verschwinden, runter ins Frauenland, das alles würde keinerlei Folgen haben.

Beim Ranfahren machte das Auto aber einen komischen Schlenker, wegen der miserablen Fahrbahn wahrscheinlich, eigentlich völlig harmlos, ein kurzer Stoß nach rechts, mehr nicht, vielleicht eine Spurrille. Problem: Der Typ schlenkerte mit. In meine Richtung. Also damit das klar ist: Ich drückte nicht fester mit dem Messer oder so was. Das geschah von ganz allein, dass die Spitze ab- und die Klinge zwischen den Rippen hineinrutschte. Und dort wohl eine unglückliche Stelle traf, aber genau weiß ich es nicht. Ich will auch nicht unnötig darüber spekulieren, weil ich keine Gelegenheit hatte, eine ordentliche Obduktion durchzuführen.

Wie er mich dann so ansah mit seinen wässrigen, entzündeten Augen – sein Mund stand offen, die dunkelrote Unterlippe zitterte, ein Speichelfaden baumelte – das war schon sehr creepy.

Ich weiß noch aufs Wort genau, was ich in diesem Augenblick dachte: Wozu ist der noch mal auf der Welt? Der verbraucht nur Platz, der frisst nur unsere Ressourcen, wir werden seine Gier ausbaden müssen. Nimmersatt. Generell: Kreuzfahrten, Kurzflüge, Parkhäuser, Paketdienste – alles nur für diese Alten, die nicht Platz machen wollen für uns Junge. Und jetzt noch dieser Ärger mit ihm.

In derselben Sekunde starb er. Irgendein Gefäß in seiner Lunge war kaputtgegangen. Blut sprudelte heraus, verschmutzte das Sitzpolster. Das war freilich nicht so nice. Ich hatte echt nicht damit gerechnet, ich meine: Ich hatte schon einige Leute aufgeschnitten, aber die waren alle aus dem Kühlschrank des Anatomischen Instituts gekommen. So face to face zuzusehen, wie einer live neben mir abnibbelt, war schon krass. Faszinierend irgendwie und auf gewisse Weise auch ästhetisch ... ganz strange, wegen dem warmen Blut und so, keine Ahnung.

Na ja. Was mich auch jetzt noch wundert, ist, dass ich den Typen tatsächlich rüber auf den Beifahrersitz gewuchtet hab. Der Schwerste kann er zwar nicht gewesen sein, aber trotzdem. Warum sie nur immer so schwer sein müssen, die Männer! All diese überflüssigen, nervigen Männer!

Große Güte, hab ich schon so oft gedacht, wie geil könnte dieser Planet sein, wenn es keine Männer gäbe!

Dann fuhr ich los, ganz ruhig, schön mit der Geländelimousine im Feierabendverkehr schwimmend. Und während es endgültig dunkel wurde, die B8 entlang bis zur Autobahn kurz vor Biebelried. Weil ich noch nachdenken wollte, was jetzt zu tun sei, und ich Zeit brauchte, bog ich rechts in die Auffahrt und gab Gas.

Die Karre beeindruckte mich dann echt. Wenn ich Zeit gehabt hätte, ich hätte das Ding so hart abgefeiert! Aber der Tank war nur viertel voll, und außerdem hatte ich bald Ordnung in meine Gedanken gebracht und entschieden, was zu tun sei. Doch auch die Strecke bis zur Ausfahrt Heidingsfeld reichte, um mal kurz mit der roten Nadel die Zweihundert anzustupsen. Geil, einfach nur geil.

Nach Gerbrunn zu meiner Bude wollte ich erst nachts, während der Spätnachrichten. Da hockten die Edelbardts immer davor und schauten gebannt auf eine ihnen völlig unverständliche Welt, die über den Bildschirm flackerte. Wenn die Edelbardt danach mit ihren verpilzten ... egal, ich wäre vor dem Wetterbericht längst weg auf Nimmerwiedersehen. Denn eines war mir klar: So eine Gelegenheit kriegst du nicht zweimal im Leben. Ein Loft, eine fette Karre – na ja, die Sitze sind ein bisschen mitgenommen, das Blut hab ich später nicht mehr völlig rausgebracht, und es mieft ein wenig. Nicht nach dem verdammten Duftbaum natürlich. Denn den hab ich sofort zum Fenster rausgehauen, als ich auf den Parkplatz des *Forsthaus Guttenberg* rollte.

Ich ließ den Motor laufen und sah in die Spiegel: kein anderes Auto auf der Straße, das Wirtshaus dunkel, heute Ruhetag. Perfekt. Ich drehte einen kleinen Kreis, dann nahm ich eine nahe Einfahrt zu einem Waldweg. Und fuhr, so weit ich mich traute, in den dichten Wald hinein …

Die neue Wohnung war übrigens total stylo. Und ja, das half, mein schlechtes Gewissen zu beruhigen. Das auch gar nicht richtig schlecht war, nur ein bisschen, immerhin, das muss ich leider schon zugeben. Denn die alte Bitch hätte ich vielleicht nicht so erschrecken sollen, als ich in die Wohnung reinkam. Ich wusste ja, wo der SUV-Typ wohnte. Name stand in seinem Ausweis, Schlüssel steckte in seiner Tasche. Wie gut, dachte ich mir, als ich am Ende des Waldweges, wirklich mitten in der absoluten Einsamkeit, wo nie ein Mensch vorbeikommen würde, im Licht der Scheinwerfer die Leiche vollständig ausgezogen und dabei alle Taschen durchsucht hatte – wie gut, dachte ich also, dass ich mir selber ein ordentliches Sezierbesteck angeschafft hatte. Ein Vermögen hatte mich das gekostet, aber gutes Werkzeug zahlt sich immer aus, das hat mein Opa oft gesagt.

Als ich die Beifahrertür öffnete, purzelte der Typ direkt von alleine heraus, und nach zwei Semestern in der Anatomie war das Zerlegen nicht das geringste Problem für mich. Immer schön an den Gelenken schneiden, den Bauch öffnen, die großen Muskeln vom Knochen lösen. Den Schädel knackte ich mit einem Stein und verscharrte die Reste in der lockeren Erde unter dem Laub. Zwei, drei Tage, dann hätten Fuchs und Marder hier das Büfett leergefressen, und wenn im Herbst doch ein Pilzesammler die Knochen finden würde, gäbe es keinerlei Hinweis auf mich.

Ganz oder gar nicht, das war von nun an die Devise. Ich fuhr hoch nach Gerbrunn, meine Post checken, Klamotten holen. Den SUV parkte ich zwei Häuser weiter, schlich mich rein und stopfte alles, was ich besaß, in meinen Trekkingrucksack. Die beiden Zombies waren downtown. Donnerstag Kegelabend, fiel's mir wieder ein. Was ein Glück! Ein benutztes Höschen hab ich dem alten Drecksack von Vermieter zurückgelassen, unter dem Bett. Da kann er sich jetzt austoben mit. Und am besten erwischt ihn der verpilzte Hausdrachen dabei! Allein bei der Vorstellung könnte ich mich kringeln ...

Ich war dann irgendwo schon gewaltig geplättet. Der ganze Bohei war alles andere als lässig gelaufen. Daher ließ ich die Leiche der alten Bitch auch erst einmal in der Küche liegen, wo ich sie überrascht hatte, als ich in die Wohnung des SUV-Tüppis eindrang. Ich legte mich ins Bett und schlief wie ein Murmeltier bis zum nächsten Mittag. Zum Glück gab es einen Aufzug im Haus. Der Diesel im Tank reichte noch, um ein zweites Mal irgendwo hinter Kist tief in den Wald hineinzufahren.

Die ersten drei oder vier Tage ist alles perfekt. Voll Nicenstein! Ich genieße die coole Wohnung, überhaupt die zentrale Lage, und habe tausend Ideen. Den SUV, der in der Tiefgarage steht, will ich noch mal gründlich reinigen und damit in den Semesterferien in den Urlaub fahren, weit fort, nach Südfrankreich oder so. Nizza, Palmen, gutes Essen. Ich spiele sogar mit dem Gedanken, den sexy Philosophen mit dem Knackarsch anzurufen und zu fragen, ob er vielleicht mal Bock hat, mich in meiner neuen Bude zu besuchen.

Ich krame mein Handy hervor, auf das ich seit letzter Woche nicht mehr draufgeschaut habe. Vier oder fünf Anrufe, die ich verpasst habe, alle von derselben Nummer. Eine Frauenstimme hat auf die Mailbox gesprochen. Dass es ihr unendlich leidtäte, aber in der Schönheitsklinik wird seit Tagen der Chefarzt vermisst. Sie müssten mir und allen anderen Studenten leider absagen. Man habe die Polizei eingeschaltet, und wenn man wüsste, wie es weiterginge, würde man sich bei mir melden. Vorerst jedoch großes Sorry, alles Gute.

Verdammt! Das gibt's doch nicht! Und jetzt klingelt es auch noch wie irre an der Tür, irgendjemand trommelt mit der Faust dagegen. »Herr Professor Schmidt«, ruft jemand, »sind Sie zu Hause?«

»Nein«, schreie ich zurück, »hier ist niemand! Hauen Sie ab, verdammt noch mal!«

Warum nur muss ich ständig dieses Pech haben im Leben? Ich versteh's echt nicht …

Die Autorinnen und Autoren

Veit Bronnenmeyer absolvierte eine Ausbildung zum Schreiner und studierte Soziale Arbeit in Bamberg. Er leitet das Bildungsbüro der Stadt Fürth und schreibt regelmäßig für die *Fürther Freiheit*, eine literarische Rubrik der *Fürther Nachrichten*. 2009 erhielt er den Agatha-Christie-Krimipreis. Bei ars vivendi erschienen seine Kriminalromane *Russische Seelen* (2005), *Zerfall* (2007), *Stadtgrenze* (2009), *Gesünder sterben* (2012) und *Tod, Steine, Scherben* (2016). www.veit-bronnenmeyer.de

Renate Eckert ist seit 2005 freie Autorin. Davor war sie Journalistin beim *Schweinfurter Tagblatt* und Pressereferentin bei zwei Landräten im Landratsamt Schweinfurt. Sie veröffentlichte u. a. die Romane *Hungrige Schatten, Novemberfeuer, Brunnenkind* und *Schweigegebot*. Die Autorin ist verheiratet, hat eine Tochter und eine Enkelin und lebt in der Nähe von Schweinfurt.

Bernd Flessner studierte Germanistik, Theaterwissenschaft und Geschichte in Erlangen. Der Autor und Zukunftsforscher unterrichtet am Zentralinstitut für Wissenschaftsreflexion und Schlüsselqualifikationen der FAU Erlangen-Nürnberg. Er schreibt u. a. für die *Neue Zürcher Zeitung, mare* und den *BR*. 2007 wurde er mit dem Utopia-Preis (Aktion Mensch) und 2011 mit dem International Corporate Media Award ausgezeichnet. Bei ars vivendi erschien 2017 sein Krimi *Frankengold*, 2020 folgte *Der Blaukrautmörder*. www.bernd-flessner.de

Theobald O. J. Fuchs, geboren 1969, lebt in Nürnberg und arbeitet als promovierter Physiker, Autor, Kolumnist und Kritiker. Veröffentlichungen in *TITANIC, Salbader, taz, Fürther Nachrichten* und in zahlreichen Anthologien. 2014 gewann er den Jurypreis des Fränkischen Krimipreises, zudem bespielt er eine Fotokolumne im Kulturmagazin *CURT*. 2016 erschien sein Debütroman *Niemand ruht ewig*, 2017 folgte *Altstädter Friedhof in Erlangen, 14. Mai, 10 Uhr 30, meine 35. Beerdigung...*, 2019 *Der zweite Krautwickel*.

Tommie Goerz hat Soziologie, Philosophie und Politische Wissenschaften studiert und wohnt in Erlangen. Nach zwanzig Jahren bei einem der größten Agenturnetzwerke der Welt war er Dozent an der Georg-Simon-Ohm-Hochschule Nürnberg und der Faber-Castell-Akademie in Stein. Bei ars vivendi erschienen u. a. *Schafkopf* (2010), *Dunkles* und *Leergut* (2011), *Auszeit* (2012), *Einkehr* (2014), *Schlachttag* (2016), *Nachtfahrt* (2018) und *Stammtisch* (2019). Zusammen mit dem Fotografen Walther Appelt veröffentlichte er 2019 den Band *In fränkischen Wirtshäusern*. 2020 erschien sein Kriminalroman *Meier*. www.tommie-goerz.de

Tessa Korber studierte Literatur und Geschichte, ist freie Autorin und wurde mit ihren historischen Romanen bekannt. Bei ars vivendi erschienen ihre Kurzkrimis *Das Leben ist mörderisch* (2010), ihr historischer Kriminalroman *Todesfalter* (2011) sowie *Die Saubermänner* (2013). Zudem gab sie die Krimianthologien *Fiese Morde in der Provinz* (2011), *Auf leisen Pfoten kommt der Tod* (2013), *Bocksbeutelmorde* (2016) und *Weinfrankenmorde* (2019) heraus. Tessa Korber ist Trägerin des Forchheimer Kulturpreises 2010 und lebt in Nürnberg. *www.tessa-korber.de*

Killen McNeill wurde 1953 in Nordirland geboren und zog 1975 nach Franken. Er schreibt Romane und tritt im fränkischen Kabaretttrio *McNeills & Winkler* sowie in der fränkischen Band *Nauswärts* auf. 2012 gewann er den Jurypreis des 1. Fränkischen Krimipreises. 2013 erschien bei ars vivendi sein Roman *Am Schattenufer*, 2015 folgte *Am Strom*. 2019 veröffentlichte er mit *Hassberg* seinen ersten Kriminalroman.

Horst Prosch, 1964 geboren, lebt in Wolframs-Eschenbach. Er ist Mitglied im Kulturforum Ansbach e. V. und im Syndikat sowie Initiator und Leiter diverser Lesereihen, darunter »Literatur in alten Mauern« in Wolframs-Eschenbach. Bei ars vivendi erschien 2014 sein Kriminalroman *Blaue Bäume*. Für »Süß klangen die Glocken nie« aus der Anthologie *RauschGiftEngel* wurde er für den Friedrich-Glauser-Preis 2015 in der Sparte »Bester Kurzkrimi« nominiert. 2015 folgte sein Kriminalroman *Frankenruh*. www.horst-prosch.de

Elmar Tannert, 1964 geboren, arbeitet als freier Schriftsteller und Übersetzer sowie u. a. beim *Bayerischen Rundfunk*. Bei ars vivendi erschienen *Der Stadtvermesser* (1998), *Keine Nacht, kein Ort* (2002), *Ausgeliefert* (2005), *Ein Satz an Herrn Müller* (2017) und die gemeinsam mit Petra Nacke verfassten Romane *Rache, Engel!* (2008), *Blaulicht* (2010) sowie *Der Mittagsmörder* (2012). 2014 veröffentlichte er gemeinsam mit Martin Droschke und Anders Möhl den Freizeitführer *Bierland Pilsen*, 2016 folgte *33 Biere. Eine Reise durch Franken.* www.elmar-tannert.de